学习贯彻习近平新时代中国特色社会主义经济思想

做好“十四五”规划编制和发展改革工作

| 系列丛书 |

推动共建“一带一路”高质量发展

丛书编写组　编著

中国计划出版社　中国市场出版社 China Market Press

·北京·

图书在版编目（CIP）数据

推动共建“一带一路”高质量发展 / 学习贯彻习近平新时代中国特色社会主义经济思想 做好“十四五”规划编制和发展改革工作系列丛书编写组编著. -- 北京 ： 中国计划出版社 ： 中国市场出版社有限公司，2020.8（2022.10重印）

（学习贯彻习近平新时代中国特色社会主义经济思想 做好“十四五”规划编制和发展改革工作系列丛书）

ISBN 978-7-5182-1226-2

Ⅰ. ①推… Ⅱ. ①学… Ⅲ. ①习近平新时代中国特色社会主义思想－学习参考资料②“一带一路”－国际合作－学习参考资料 Ⅳ. ①D610②F125

中国版本图书馆CIP数据核字(2020)第170744号

推动共建“一带一路”高质量发展

TUIDONG GONGJIAN “YIDAIYILU” GAOZHILIANG FAZHAN

编　　著：丛书编写组
责任编辑：张廉奉　孙晓岩
装帧设计：蒋宏工作室

出版发行：中国计划出版社　中国市场出版社
社　　址：北京市西城区木樨地北里甲11号国宏大厦C座3层（100038）
电　　话：（010）63906433（发行部）
网　　址：www. jhpress. com

印　　刷：北京汇瑞嘉合文化发展有限公司
规　　格：170mm × 240mm　　1/16开本
印　　张：19.5　　字　　数：205千字
版　　次：2020年8月第1版　　印　　次：2022年10月第5次印刷
书　　号：ISBN 978-7-5182-1226-2
定　　价：40.00元

前 言

2013年，习近平总书记开创性地提出共建“一带一路”宏伟倡议，产生广泛而深远的国际影响。共建“一带一路”倡议是经济合作倡议，是我国对外开放和对外经济合作的管总规划，是推动构建人类命运共同体的重要实践平台。习近平总书记就共建“一带一路”作出了一系列重要论述，对“一带一路”建设的重大意义、指导思想、核心要义等进行了深刻阐述，是习近平新时代中国特色社会主义经济思想和习近平新时代中国特色社会主义外交思想的重要组成部分，进一步丰富和发展了马克思主义科学理论，为深入推进“一带一路”建设高质量发展提供了根本遵循。

在习近平总书记关于共建“一带一路”的重要论述指引下，在各参与国和有关方面共同努力下，“一带一路”建设取得丰硕成果。当前，新冠肺炎疫情冲击下世界百年未有之大变局加速演变，“一带一路”建设面临复杂的国际国内环境，机遇和挑战前所未有，必须以习近平新时代中国特色社会主义思想为指导，坚定信心，抓住机遇，迎接挑战，高质量、高标准、高水平推进"一带一路"建设。

为深入学习贯彻习近平新时代中国特色社会主义经济思想，进一步领会落实习近平总书记关于"一带一路"重要论述精神，推进"一带一路"建设行稳致远，我们编写了《推动共建"一带一路"高质量发展》，编入《学习贯彻习近平新时代中国特色社会主义经济思想 做好"十四五"规划编制和发展改革工作》系列丛书。

本书分五章，分别阐述了习近平总书记关于共建"一带一路"重要论述的重大意义、学习贯彻习近平新时代中国特色社会主义经济思想和关于共建"一带一路"重要论述的深刻体会、推进"一带一路"建设取得的重要进展与明显成效、"一带一路"建设面临的新挑战新机遇及推动"一带一路"建设高质量发展的思路举措。本书对习近平总书记关于共建"一带一路"的重要论述作了全面系统阐述，有助于更好地理解和把握这一重要论述的基本精神、基本内容、基本要求，对推动"一带一路"建设高质量发展工作具有积极指导意义。

本书编写组

2020年8月

目 录

第一章

习近平总书记关于共建“一带一路”重要论述的重大意义

第二章

学习贯彻习近平新时代中国特色社会主义经济思想和关于共建“一带一路”重要论述的深刻体会

第三章

推进“一带一路”建设取得重要进展和明显成效

第四章
“一带一路”建设面临的新挑战新机遇

第五章
有力有序有效推动“一带一路”建设高质量发展

第一章

习近平总书记关于共建“一带一路”重要论述的重大意义

2013年9月和10月，习近平主席在出访哈萨克斯坦和印度尼西亚时，先后提出了共建“丝绸之路经济带”和“21世纪海上丝绸之路”的宏伟倡议。近七年来，习近平总书记在国际国内多个场合多次就推进“一带一路”建设发表重要讲话和作出重要指示。习近平总书记关于推进“一带一路”建设的系列重要论述进一步丰富和发展了马克思主义和党的科学理论，是习近平新时代中国特色社会主义经济思想和习近平新时代中国特色社会主义外交思想的重要组成部分，具有重大的时代意义、理论意义、世界意义和实践意义，为新时代实现共建“一带一路”高质量发展提供了根本遵循，为实现中华民族伟大复兴开辟了筑梦空间，为构建百花齐放春满园的人类命运共同体注入了强劲的发展动力。

▌第一节▐

顺应世界历史发展趋势的科学论述

“万物得其本者生，百事得其道者成”。古丝绸之路推进了人类文明进步，是促进沿线各国繁荣发展的重要纽带，是东西方交流合作的象征，是世界各国共有的历史文化遗产，已成为人类社会高度认知认可的文化价值符号。千百年来，以和平合作、开放包容、互学互鉴、互利共赢为特征的丝绸之路精神薪火相传。推进“一带一路”建设是丝绸之路精神的传承，历史潮流的延续，是当今经济社会发展的需要，也是面向未来的正确选择。习近平总书记开创性地提出共建“一带一路”倡议，顺应经济全球化的历史潮流，顺应全球治理体系变革的时代要求，顺应各国人民过上更好日子的强烈愿望，充分体现了以习近平同志为核心的党中央对我国国情的准确把握和对国际形势的科学研判，深刻反映了当今时代的特点和要求。

一、为古丝绸之路赋予全新的时代内涵

2 000多年前，我们的先辈筚路蓝缕，穿越草原沙漠，开辟出联通亚欧非的陆上丝绸之路；我们的先辈扬帆远航，穿越惊涛骇浪，闯荡出连接东西方的海上丝绸之路。古丝绸之路绵亘万里，延续千年，积淀了丰富的历史内涵和文化意蕴。《周易》有云：“天地交而万物通也，上下交而其志同也。”古丝绸之路是人类文明的宝贵遗产，是历史镌刻着的探索人类和平交往的见证，一代代“丝路人”架起了东西方交流合作的桥梁，各国人民共同谱写出千古传诵的友好篇章。古丝绸之路是多元文化相互开放被对方接受的融合进程，是不同文明、宗教、种族求同存异、开放包容、并肩书写相互尊重的壮丽诗篇。古丝绸之路是世界经济交流的主干道和世界思想交流的集散地，是沿线人民在悦耳的驼铃中不断进行思想交流、人文交往和经贸交易，携手绘就共同发展的美好画卷。

当今世界，全球挑战此起彼伏，要和平、谋发展、促合作日益成为世界各国的共同关切和强烈愿望。“智者顺势而谋”，站在历史前进的十字路口，习近平总书记洞察世界经济发展趋势，顺应历史时代潮流，找准方位，把握规律，创造性地传承和弘扬古丝绸之路这一人类历史文明发展成果，并赋予其当今时代的新内涵，使其焕发出新生机，形成了共建“一带一路”倡议。“一带一路”建设根植于历史，又面向未来，中国从古丝绸之路中汲取智慧和力量，

就是要继承和发扬丝绸之路精神，把我国发展同沿线国家发展结合起来，把中国梦同沿线各国人民的梦想结合起来，让中国与世界的交往在创新中不断发展，真诚表现出中国与世界各国携手构建人类命运共同体的意愿。

2014 年 11 月 4 日，习近平总书记在中央财经领导小组第八次会议上指出，“一带一路”倡议顺应了时代要求和各国加快发展的愿望，提供了一个包容性巨大的发展平台。[1] 共建“一带一路”是以共商共建共享为原则，以和平合作、开放包容、互学互鉴、互利共赢的丝绸之路精神为指引，积极促进“一带一路”国际合作，努力实现政策沟通、设施联通、贸易畅通、资金融通、民心相通，打造国际合作新平台，增添共同发展新动力。它是经济合作倡议，不是搞地缘政治联盟或军事同盟；是开放包容进程，不是要关起门来搞小圈子或者“中国俱乐部”；不以意识形态划界，不搞零和游戏，积极建设成和平之路、繁荣之路、开放之路、绿色之路、创新之路、文明之路、廉洁之路。

二、为应对世界百年未有之大变局指明方向

当前世界正经历百年未有之大变局，是习近平总书记科学

[1]《习近平主持召开中央财经领导小组第八次会议强调 加快推进丝绸之路经济带和二十一世纪海上丝绸之路建设》，《人民日报》2014 年 11 月 7 日。

准确把握时代脉搏得出的精辟论断，是“一带一路”倡议的时代背景。党的十九大报告中指出，世界正处于大发展大变革大调整时期，和平与发展仍然是时代主题。世界多极化、社会信息化、文化多样化深入发展，全球治理体系和国际秩序变革加速推进，各国相互联系和依存日益加深，国际力量对比更趋平衡，和平发展大势不可逆转。百年未有之大变局中，新兴市场国家和发展中国家的崛起速度之快前所未有，新一轮科技革命和产业变革带来的新陈代谢和激烈竞争前所未有，全球治理体系与国际形势变化的不适应、不对称前所未有，面临的挑战也前所未有。霸权主义、强权政治依然存在，保护主义、单边主义不断抬头，战乱恐袭、饥荒疫情此伏彼现，传统安全和非传统安全问题复杂交织。

面对百年未有之大变局，习近平总书记站在时代前沿，通过对人类文明和世界格局走向进行深刻思考，凭借高超的战略眼光和卓越的全球视野作出科学抉择，给出中国方案：共建“一带一路”，构建人类命运共同体，实现共赢共享。当前，世界各国之间的联系从来没有像今天这样紧密，世界人民对美好生活的向往从来没有像今天这样强烈，人类战胜困难的手段从来没有像今天这样丰富。在各国彼此依存、全球性挑战此起彼伏的今天，仅凭单个国家的力量难以独善其身，也无法解决世界面临的问题，只有对接各国彼此政策，在全球更大范围内整合经济要素和发展资源，才能形成合力，促进世界和平安宁和共同发展，建设一个持久和平、普遍安全、共同繁荣、开放包容、清洁美丽的世界，让和平的薪火代代相传，让发展的动力源源不断，让文明的光芒熠熠生辉。

以共建“一带一路”为实践平台推动构建人类命运共同体，符合中华民族历来秉持的天下大同理念，符合中国人怀柔远人、和谐万邦的天下观，彰显了同舟共济、权责共担的意识，占据国际道义制高点，为完善全球发展模式和全球治理、推进经济全球化健康发展提供了重要途径。“一带一路”建设以共同发展为方向、以和平发展为底色、以合作共赢为基础、以共商共建共享为原则，契合世界各国和平发展的共同愿望和当今世界发展的总体趋势，是解决当前国际社会面临的发展赤字、治理赤字、和平赤字、信任赤字问题的应势之举，是汲取历史经验、面向未来发展的中国智慧和为人民谋幸福、为世界谋发展的责任担当，是对现有全球治理体系的有益补充和完善。

三、为新时代实现中华民族伟大复兴开辟筑梦空间

2018年6月22日，习近平总书记在出席中央外事工作会议时指出，“中国处于近代以来最好的发展时期，世界处于百年未有之大变局，两者同步交织，相互激荡”。[1]“百年未有之大变局”与

[1]《习近平在中央外事工作会议上强调 坚持以新时代中国特色社会主义外交思想为指导 努力开创中国特色大国外交新局面》，《人民日报》2018年6月24日。

“中华民族伟大复兴战略全局”两个大局之间有着多方面、深层次的联动关系，世界大变局与中国大发展之间历史性交汇，中华民族伟大复兴是影响世界百年未有之大变局的重要因素。当前，实现中华民族伟大复兴正处于关键时期，越是接近目标，形势越复杂，任务越艰巨。我国发展环境发生深刻复杂变化，正处在新旧动能转换的关键期、全面深化改革的攻关期、国际竞争加剧的敏感期。如何破解发展难题，顺利实现经济增长动力转换，完成经济转型升级，避免跌入“中等收入陷阱”，是中华民族伟大复兴道路上必须跨越的一道关口。

历史和现实昭示我们，不断扩大对外开放、提高对外开放水平，以开放促改革、促发展，是我国发展不断取得新成就的重要法宝。站在新的历史起点上，实现“两个一百年”奋斗目标、实现中华民族伟大复兴的中国梦，必须深刻把握国内改革发展新要求，加快构建开放型经济新体制，提高对外开放水平，以对外开放的主动赢得经济发展的主动、赢得国际竞争的主动。

2015 年 10 月 29 日，习近平总书记在党的十八届五中全会第二次全体会议上指出，“一带一路”建设是扩大开放的重大战略举措和经济外交的顶层设计，[1] 是中国特色社会主义进入了新时代基于自身发展需要作出的战略抉择，顺应了我国新时代社会主要矛盾

[1]《在党的十八届五中全会第二次全体会议上的讲话（节选）》（2015 年 10 月 29 日），《求是》2016 年第 1 期。

发生变化的形势，时代气息浓郁，目标导向鲜明，为开创我国新时代对外开放新格局指明了发展方向，为实现中华民族伟大复兴的中国梦提供了重要路径，将实现中华民族伟大复兴的中国梦与各国民族和平繁荣的世界梦紧密相连，为在国际风云激荡之时腾飞的中国大鹏插上了两只翅膀，使之飞得更高更远。

第二节

指引新时代构建我国全面开放新格局的创新理论

中国特色社会主义进入新时代，开放型经济的基础和条件发生深刻变化，中国与世界的互动关系也发生了历史性演变。习近平总书记深刻洞察时代发展大势，将我国对外开放置于更广阔的国际空间，提出共建“一带一路”宏伟倡议，不仅深入指导我国对外开放，而且昭示引领世界各国共同开放，彰显了中国特色社会主义道路自信、理论自信、制度自信和文化自信，是新时代构建我国全面对外开放新格局的创新理论。

一、新时代我国新一轮对外开放的思想旗帜

对外开放是国家发展繁荣的必由之路。习近平总书记关于推进“一带一路”建设的系列重要论述深刻剖析时代大势、总揽发展全局，推进对外开放理论和实践创新，是马克思主义哲学在我国新时代对外开放事业中的重要体现，是中国共产党坚持为中国人民谋幸福、为中华民族谋复兴的实践自觉，是新时代我国新一轮对外开放宏伟事业的思想根基。

立足我国发展新的历史方位，习近平总书记提出共建“一带一路”倡议，以共商共建共享为原则，寻求平等互利、合作共赢，使用的不是战马和长矛，而是驼队和善意，依靠的不是坚船和利炮，而是宝船和友谊，从根本上区别于资本主义国家以开放为名实则剥削、掠夺其他国家资源的行为，创造性地深化了对人类社会发展规律的认识，是当代中国马克思主义政治经济学的重大创新。习近平总书记的重要论述丰富和发展了马克思主义经济全球化和中国特色社会主义对外开放理论，为推动形成全面开放新格局、加快社会主义现代化建设提供了有力支撑。

理论源于实践，又进一步指导实践、推动实践发展。2015 年 9 月 15 日，习近平总书记在中央全面深化改革领导小组第十六次会议上指出，以开放促改革、促发展，是我国改革发展的成功实践。改革和开放相辅相成、相互促进，改革必然要求开放，开放也必然

要求改革。[1] 以习近平同志为核心的党中央把开放确立为新发展理念之一，将开放在发展中的作用、地位提升到了全新的层次和水平。共建“一带一路”倡议是源于历史实践的理论结晶，深刻回答了我国与世界发展联系的时代之问，又进一步指导我国新一轮对外开放发展的实践，成为新时代推动我国新一轮对外开放实践的理论精髓。新时代推动我国构建更高水平开放型经济，必须以习近平新时代中国特色社会主义经济思想为指导，深入贯彻落实习近平总书记关于共建“一带一路”的重要论述，将中国命运与世界发展紧密相连。这是基于我国改革发展客观需要作出的自主选择，也是顺应全球治理体系变革和世界人民愿望的时代要求。

二、全面优化区域发展新格局的动力源泉

长期以来，我国区域发展存在失衡现象，东部沿海交通便利、资金技术密集，已经跻身发达板块行列；中西部地区受制于自然状况、交通条件和历史原因等因素发展滞后，推进区域协调发展的任务依然艰巨。以习近平同志为核心的党中央提出以共建“一带一路”为重点推动形成全面开放新格局，是以开放倒逼改革、以改革激发内生增长动力的重大举措，是实现区域全面协调可持续发展的

[1]《习近平主持召开中央全面深化改革领导小组第十六次会议强调 坚持以扩大开放促进深化改革 坚定不移提高开放型经济水平》，《人民日报》2015 年 9 月 16 日。

必要途径，是将西部沿边地区从开放“末梢”转变为“前沿”的发展机遇，能够最大限度地激发区域内生增长动力，形成陆海内外联动、东西双向互济的开放格局。

党的十八大以来，习近平总书记亲自谋划、亲自部署、亲自推动京津冀协同发展、长江经济带发展、粤港澳大湾区建设、海南全面深化改革开放、长江三角洲区域一体化发展、黄河流域生态保护和高质量发展等国家重大区域发展战略。习近平总书记多次强调，要加强“一带一路”建设同国家区域发展战略的全面对接，加强同西部开发、东北振兴、中部崛起、东部率先、沿边开发开放的结合，推动形成全方位开放、东中西协调协同发展的局面。习近平总书记的重要论述，有利于充分挖掘国内各地区的开放优势，打破地域界限，畅通国际和区际联系，释放各地区在开放型经济中的发展潜力，促进各地区优势互补、合理分工，形成“1+1>2”的区域协同效应，同时推动形成一批新的增长点、增长极和经济轴带，拓展经济发展新空间。

三、统筹用好国际国内两个市场、两种资源的理论指引

当前，我国引进来、走出去在深度、广度、节奏上都是过去所不可比拟的，但统筹用好国际国内两个市场、两种资源的能力还不够强。2014 年 11 月 4 日，习近平总书记在中央财经领导小组第八次会议上指出，我国经济正在实行从引进来到引进来和走出去并

重的重大转变，只有坚持对外开放，深度融入世界经济，才能实现可持续发展。[1]这是习近平总书记在国际国内形势发生深刻变化的历史条件下，深化社会主义建设与人类社会发展规律认识的基础上提出的对外开放新理念，为我国坚持引进来和走出去并举，实现国内与国际的互动合作、对内开放与对外开放的相互促进，更好地统筹利用国际国内两个市场、两种资源提供了强有力的理论指导。

共建“一带一路”旨在促进经济要素有序自由流动、资源高效配置和市场深度融合，推动沿线各国实现经济政策协调，开展更大范围、更高水平、更深层次的区域合作。习近平总书记的重要论述，既有力指导提升引进来的质量和水平，带动我国企业嵌入全球产业链与价值链，也有力推动企业积极走出去，为国内经济结构调整拓展战略空间，更重要的是有力促进引进来和走出去相结合，从而为我国发展带来新机遇，为世界发展提供新动力。

全面对外开放新格局是全方位、多层次、宽领域的开放，其中制度型开放是建设更高水平开放型经济新体制的重要举措。习近平总书记提出共建“一带一路”倡议，在促进双向开放、推动商品和要素双向流动的同时，也通过主动开展国际国内规则与制度对接，在国际规则制定中融入中国标准与中国元素，推动我国

[1]《习近平主持召开中央财经领导小组第八次会议强调 加快推进丝绸之路经济带和二十一世纪海上丝绸之路建设》，《人民日报》2014 年 11 月 7 日。

制度型开放朝着更加有助于贸易和投资便利化、更加符合可持续发展理念、更加公平和公正、更加有利于合作共赢的方向发展，全面提升我国制度型开放水平，为推进更高水平对外开放创造良好制度环境。

第三节

体现中国智慧中国方案的行动指南

人类面临的不稳定不确定因素日益增多，新问题新挑战层出不穷。全球近200个国家、约70亿人口，我们因何而紧密相连？人类社会又向何处去？是开放还是封闭，是创新还是守旧，是共赢还是零和？习近平总书记提出的共建“一带一路”倡议是维护开放型世界经济体系，多元、自主、平衡和可持续发展的中国主张，是深化区域合作，加强文明交流互鉴，解决世界发展难题的中国智慧，是坚持公平、公正、合理方向，推动全球治理体系变革的中国方案，为应对当前世界各国普遍面临的重大问题，改善全球经济治理体系指出了改革的方向和途径。

一、推动构建人类命运共同体

构建人类命运共同体是推进“一带一路”建设的核心理念和目标，增添了共建“一带一路”倡议的号召力和凝聚力，贡献了站在道义制高点上具有深远影响力的思想产品，使共建“一带一路”倡议成为我国在新时代为人类和平发展、共享发展、包容发展和持续发展提供的可供选择的经济合作方案，成为具有更高境界的超越民族、国家、意识形态造福于人类的全球公共产品。

习近平总书记创造性提出人类命运共同体理念，诠释了中国文化的核心价值观，汲取“天下观”与“和文化”的思想精髓，通过携手推进“一带一路”建设，将中国梦与世界梦紧密连接在一起；超越了西方传统的国际关系思想，通过共享发展机遇和成果实现互利共赢，创造出更高视野、更高层次、更高水平的思想理念；体现了马克思主义的时代精神和崭新思想境界，与马克思、恩格斯“共同体思想”一脉相承，为人类未来提供全新视角；成为连接中国与相关国家和地区的情感纽带，顺应人类社会发展的历史大趋势，绘就了人类更加文明和美好的未来，为构建人类命运共同体指出了方向、提出了方案、描绘了蓝图。

二、应对当前国际社会面临的重大问题

国际社会正面临治理赤字、信任赤字、和平赤字、发展赤字（“四大赤字”）等重大问题。面对人类发展在十字路口何去何从的抉择，习近平总书记以胸怀天下的担当精神，倡导国际社会坚持公正合理，破解治理赤字；坚持互商互谅，破解信任赤字；坚持同舟共济，破解和平赤字；坚持互利共赢，破解发展赤字。

实践证明，共建“一带一路”倡议已成为全球广受欢迎的公共产品，“一带一路”建设由理念到行动，取得了显著进展，为推动解决各国普遍面临的“四大赤字”问题作出了重要贡献。共建“一带一路”倡议秉持共商共建共享原则，体现开放包容、共同发展的鲜明导向，推动实现全球治理、全球安全、全球发展联动，解决长期以来单一治理成效不彰的困扰；共建“一带一路”倡议超越社会制度和文化差异，坚持多元文化共存，在相互尊重、相互信任基础上，弘扬正确义利观，积极同各国开展实质性对接与合作；共建“一带一路”倡议秉持共同、综合、合作、可持续的安全观，不搞地缘政治联盟或军事同盟，不以意识形态划界，不搞零和游戏，成为推动地区和平与发展的重要途径；共建“一带一路”倡议坚持以人民为中心的发展思想，为“一带一路”沿线国家经济、生态、社会可持续发展带来了新机遇、注入了新动能、创造了新繁荣。

三、改善全球经济治理体系

2019年3月26日，习近平主席在出席中法全球治理论坛闭幕式时指出，逆全球化思潮正在发酵，保护主义的负面效应日益显现，收入分配不平等、发展空间不平衡已成为全球经济治理面临的最突出问题。[1] 同时，全球经济版图深刻变化，发展中国家特别是新兴经济体日益崛起，其发展利益并没有得到充分考虑，发达国家维护优势地位和发展中国家争取自身权益的博弈将长期存在。在大变革、大动荡的时代背景下，共建“一带一路”倡议为国际社会提供更多公共产品，顺应了全球经济治理体系变革的内在要求，彰显了同舟共济、权责共担的命运共同体意识，是我国推动全球经济治理体系变革的主动作为和责任担当。

共建“一带一路”倡议成为新时期我国完善全球经济治理的新思路新方案。共建“一带一路”倡导包容性的治理秩序，坚持普惠共赢，致力于打造各方共同参与的开放型合作平台，顺应了国际力量对比“东升西降”的大趋势，有效提升了发展中国家的话语权，更能反映广大发展中国家的诉求；共建“一带一路”倡议积极推动开放型世界经济建设，旗帜鲜明反对保护主义，坚定支持多边贸易

---

[1]《为建设更加美好的地球家园贡献智慧和力量——在中法全球治理论坛闭幕式上的讲话》，《人民日报》2019年3月26日。

体制，推动经济全球化朝着更加开放、包容、普惠、平衡、共赢的方向发展；共建“一带一路”倡议坚持以人民为中心的发展思想，聚焦消除贫困、增加就业、改善民生，顺应了各国人民过上更好日子的强烈愿望，让沿线国家人民获得了实实在在的利益；共建“一带一路”倡议强调不同国家的优势互补和互利共赢，为发展中国家营造更多的发展机遇和空间，帮助沿线国家着力改善发展条件、创造发展机会、增强发展动力、扩大发展空间、共享发展成果。

第四节

推进“一带一路”建设高质量发展的根本遵循

共建“一带一路”是习近平总书记亲自谋划、亲自部署、亲自推动的宏伟倡议。当代中国正经历着我国历史上最为广泛而深刻的社会变革，也正在进行着人类历史上最为宏大而独特的实践创新。习近平总书记关于共建“一带一路”重要论述植根于伟大实践，是推进“一带一路”建设高质量发展的根本遵循。

一、挥毫谋篇布局大写意

实践性是习近平总书记关于推进“一带一路”建设系列重要论述的鲜活注脚。习近平总书记坚持运用辩证唯物主义和历史唯物主义世界观和方法论吸收前人积累的精神财富，密切结合共建“一带一路”的实践，提出了具有强大创造力的思想建树，对不断深化“一带一路”务实合作进行谋划部署，为绘制谋篇布局大写意点睛注魂。

着眼经济全球化下错综复杂的国际新形势，结合中国转变经济增长模式、提高对外开放水平新需要，回应沿线发展中国家发展新需求，习近平总书记挥毫“一带一路”大写意，为共建“一带一路”立意、绘形、赋神。立意是为古老丝路启新篇，一陆一海，千年丝路交织古与今，曾经的驼铃换作汽笛，不变的是互利与共赢、善意与友谊，追求的是百花齐放的大利，而非一枝独秀的小利。绘形是完善顶层设计，习近平总书记在国际场合大力宣介共建“一带一路”倡议，在国内专门召开座谈会、组织中央政治局集体学习、成立推进“一带一路”建设工作领导小组等，对全面推进“一带一路”建设作出系列重要部署。赋神是倡导美美与共、大道同行，习近平总书记站在人类道义的制高点，提出共建“一带一路”倡议是要支持各国共同发展，建设各国共享的百花园，是要实践人类命运共同体理念，这是千百年来中国人追求的大道。“一带一路”建设积厚成势，在国际舞台上广交朋友、共襄大计，挥洒出气势磅礴的“一带一路”大写意。

从全局着眼、绘制谋篇布局大写意，体现了以习近平同志为核心的党中央对人类社会发展规律的深刻认识，从自然和社会客观存在出发，尊重事物发展客观规律，聚焦主要矛盾和矛盾主要方面、解决最迫切最主要问题，开辟了马克思主义中国化新境界。独行快，众行远。习近平总书记为共建“一带一路”倡议擘画宏伟蓝图，携手各方在“一带一路”建设国际合作框架内，应对世界经济面临的挑战，开创发展新机遇，谋求发展新动力，拓展发展新空间，实现优势互补、互利共赢，不断地朝着人类命运共同体迈进。

二、绘制精谨细腻“工笔画”

“一带一路”建设是一项复杂、庞大、长期的系统工程。2018年8月27日，习近平总书记在推进“一带一路”建设工作5周年座谈会上指出，过去几年共建“一带一路”完成了总体布局，绘就了一幅“大写意”，今后要聚焦重点、精雕细琢，共同绘制好精谨细腻的“工笔画”。要在项目建设上下功夫，建立工作机制，完善配套支持；在开拓市场上下功夫，搭建更多贸易促进平台；在金融保障上下功夫，加快形成金融支持共建“一带一路”的政策体系；推动教育、科技、文化、体育、旅游、卫生、考古等领域交流蓬勃开展；规范企业投资经营行为，合法合规经营；重视境外风险防范，完善安全风险防范体系。[1]

绘制精谨细腻“工笔画”的要求顺应时代发展，为推进“一带

[1]《习近平在推进“一带一路”建设工作5周年座谈会上强调 坚持对话协商共建共享 合作共赢交流互鉴 推动共建“一带一路”走深走实造福人民》，《人民日报》2018年8月28日。

一路”建设增添了时代性的亮丽底色。马克思主义以科学地反映时代主要特征、揭示时代发展方向、回答时代课题为己任，共建“一带一路”倡议是新时代推动马克思主义的实践，具有鲜明的时代特征。习近平总书记关于“一带一路”建设“工笔画”阶段发展的重要论述，深刻洞悉事物发展过程中的矛盾转化，准确把握世界大发展大变革大调整的发展大势；深入总结前期夯基垒台、立柱架梁的丰富实践经验，是对共建“一带一路”本质和规律认识实现进一步的深化；是在共建“一带一路”成为广受欢迎的全球公共产品，由量变积累产生质变飞跃的新发展阶段的更高目标。

三、指导共建“一带一路”高质量发展

从实践中汲取营养、提炼新鲜经验、完善升华理论，实现共建“一带一路”倡议在不同国际政治经济形势下的一次又一次发展和飞跃。共建“一带一路”倡议的发展性，表现在它丰富和完善马克思主义和全球治理理论体系，也表现在它自身理论内容和体系的发展完善过程，将为指导国际合作提供不竭动力。理论的魅力在于能够指导实践，指导实践的理论永葆科学青春，能够随着实践的发展而不断完善。共建“一带一路”倡议向世界展示了它与其他倡议的区别，吸引各国广为参与的正是它所具有的突出发展性。

当前，有利的因素集聚发展，不利因素也暗流涌动，推进“一带一路”建设的机遇和挑战均前所未有。在波诡云谲的国际形势

下，习近平总书记深刻认识和把握形势变化，与时俱进提出高质量共建“一带一路”的重要理念，成为不断推进“一带一路”建设发展的指路明灯。共商共建共享是实现“一带一路”高质量发展的必由之路，开放、绿色、廉洁是必须坚持的理念，高标准、惠民生、可持续是要努力实现的目标。

此次新冠肺炎疫情在全球蔓延，加剧了百年未有之大变局，引发了第二次世界大战以来最严重的全球性、综合性、深层次危机，对国际政治、经济、安全格局产生了广泛深刻影响，给“一带一路”带来新形势新挑战。面对突如其来的疫情，在以习近平同志为核心的党中央领导下，中国率先控制住国内疫情，推动全球公共卫生治理，扎实推进人类命运共同体，增进同“一带一路”沿线国家战略互信，强化了各国命运与共的合作精神，为高质量共建“一带一路”注入新动力。2020 年 6 月 18 日，习近平主席在“一带一路”国际合作高级别视频会议上强调，要把共建“一带一路”打造成团结应对挑战的合作之路、维护人民健康安全的健康之路、促进经济社会恢复的复苏之路、释放发展潜力的增长之路[1]，这为当前和今后一个阶段推进“一带一路”建设高质量发展指明了道路。

---

[1]《习近平向“一带一路”国际合作高级别视频会议发表书面致辞》，《人民日报》2020 年 6 月 19 日。

第二章

学习贯彻习近平新时代中国特色社会主义经济思想和关于共建“一带一路”重要论述的深刻体会

2013年以来，习近平总书记坚持马克思主义立场观点和方法，坚持科学社会主义基本原则，根据时代和实践发展变化，作出了共建“一带一路”系列重要论述，对“一带一路”建设的时代背景、指导原则、科学内涵、目标路径等进行了深刻论述，回答了一系列理论和实践问题。这些重要论述，丰富和发展了马克思主义，是习近平新时代中国特色社会主义经济思想和习近平新时代中国特色社会主义外交思想的重要组成部分，我们要深入认识、深刻领会、认真贯彻。

第一节

传承弘扬丝绸之路精神

2014年6月5日，习近平主席在中国—阿拉伯国家合作论坛第六届部长级会议开幕式上指出，千百年来，丝绸之路承载着的和平合作、开放包容、互学互鉴、互利共赢精神薪火相传。[1]这是习近平总书记第一次完整地概括丝绸之路精神的内涵。2017年5月14日，习近平主席在首届“一带一路”国际合作高峰论坛开幕式上系统性阐释了丝绸之路精神。丝绸之路精神是中华民族与沿线各民族共同创造、共同拥有的宝贵精神财富，是“一带一路”建设的宗旨和精髓。当今世界处于大发展大变革大调整时期，在和平与

[1]《弘扬丝路精神 深化中阿合作——在中阿合作论坛第六届部长级会议开幕式上的讲话》，《人民日报》2014年6月6日。

冲突、合作与对抗、开放与封闭、联系与孤立、文明平等与文明优越、互利共赢与自我优先的较量中，弘扬丝绸之路精神具有重要的时代意义和现实意义。

一、和平合作——“八音合奏，携手和平”

和平是“一带一路”的基调。共建“一带一路”倡议所倡导的和平合作精神具有永恒的时代价值，是世界各国共同发展的最大公约数。

（一）和平合作传承了古丝绸之路的历史基因

古丝绸之路，和时兴、战时衰。连通古代中国陆上和海上的丝绸之路，形成了人类历史上跨越地理空间最远、连接文明类型最多、持续时间最长的交流大通道，架设起东西方合作的纽带、和平的桥梁。公元前140年左右的中国汉代，张骞带领一支和平使团从长安出发，开始打通东方通往西方的道路，完成了“凿空之旅”。中国唐宋元时期，陆上和海上丝绸之路同步发展，中国、意大利、摩洛哥的旅行家杜环、马可·波罗、伊本·白图泰都在丝绸之路上留下了历史的印记。15世纪初的明代，中国著名航海家郑和七次远洋航海，留下千古佳话。虽然亚洲、欧洲、非洲大陆和海洋上的冲突战乱都曾给古丝绸之路造成冲击和破坏，但合作各方总能克服破坏、阻力和困难，使古丝绸之路重新呈现商贾往来、络绎不绝的繁盛景象。

（二）和平合作是人类社会进步的永恒主题

和平合作是人类社会的共同理想和美好追求，是世界繁荣与发展的稳定器与强大引擎。习近平主席基于对历史规律的科学把握和对世界大势的深刻洞察指出，“当今世界和平合作的潮流滚滚向前”，“只有坚持和平发展、携手合作，才能真正实现共赢、多赢”。[1] 人类发展的历史表明，每个国家都只从本国出发采取行动必然造成集体层面的“合成谬误”。共建“一带一路”倡议汲取“和而不同”“和合共生”的中国传统文化精髓，回应当今国际关系的发展需要，强调以世界整体观取代国家中心观，以共同合作精神推进形成共同体意识，主张用对话代替对抗、用合作代替战争、用共同发展的成果改善各国民生，使各国更加清晰地认识到“冲突对抗没有赢家、和平合作带来共赢”的真实内涵，最大限度地把政治互信、地缘毗邻、经济互补等优势集成起来，擘画出全球和平发展的最大同心圆。

（三）和平合作是新时代开展新型国际合作的伟大实践

兴起于 19 世纪工业革命后期的地缘政治学，从地理学角度探究掌握全球性或地区性事务的控制力，被西方政治家奉为经典，成

[1]《开放共创繁荣 创新引领未来——在博鳌亚洲论坛 2018 年年会开幕式上发表的主旨演讲》，《人民日报》2018 年 4 月 11 日。

为西方大国争霸的理论基础。进入21世纪，经济全球化不断深化，各国利益深入交融，已经形成“你中有我、我中有你，一荣俱荣、一损俱损”的发展格局。时代的进步使国际合作超出了“地理环境+政治权力”的狭隘认知。实践证明，冷战思维、零和博弈愈发陈旧落伍，妄自尊大或独善其身只能四处碰壁，和平发展已成为世界各国人民的共同心声。新时代呼唤新理念。中国应时代之需，提出共建“一带一路”这一合作倡议，是推动构建人类命运共同体的重要实践平台，是开展新型国际合作的伟大实践，不附加任何政治筹码，不搞任何形式的意识形态对立，不追求对某一国家或地区的控制，不搞地缘政治联盟或军事同盟。

二、开放包容——“不择细流，汇聚沧海”

2018年8月27日，习近平总书记在推进“一带一路”建设工作5周年座谈会上指出，共建“一带一路”是开放包容进程，不是关起门来搞小圈子或者“中国俱乐部”，只要各国有意愿，我们都欢迎。[1] 开放是一种姿态、一种思维，包容是一种气度、一种涵养。开放包容，就是以世界眼光和战略思维兼容并蓄、博采众长，是丝绸之路精神最显著的特征。

[1]《习近平在推进“一带一路”建设工作5周年座谈会上强调 坚持对话协商共建共享合作共赢交流互鉴 推动共建“一带一路”走深走实造福人民》，《人民日报》2018年8月28日。

（一）开放包容是人类社会发展的不竭动力

历史告诉我们，唯有开放才能进步，唯有包容才能让进步持久。古丝绸之路跨越尼罗河流域、底格里斯河和幼发拉底河流域、印度河和恒河流域、黄河和长江流域，跨越埃及文明、巴比伦文明、印度文明、中华文明的发祥地，跨越佛教、基督教、伊斯兰教信众的汇集地，跨越不同国度和不同肤色人民的聚居地。不同文明、宗教、种族求同存异、开放包容，并肩书写出相互尊重的壮丽诗篇，携手绘就了共同发展的美好画卷。中国总结人类社会进步发展、和谐共生的成功经验，敞开胸怀拥抱世界，创造性地提出了共建“一带一路”倡议，不搞封闭机制，不限制合作伙伴的国别范围，有意愿的国家和经济体均可以参与进来，成为共建“一带一路”的支持者、建设者和受益者，成为世界历史新篇章的书写者、创造者。

（二）开放包容体现了中国推动人类历史进步的远见卓识

2015 年 3 月 28 日，习近平主席在博鳌亚洲论坛 2015 年年会上指出，“一带一路”建设秉持的是共商共建共享原则，不是封闭的，而是开放包容的；不是中国一家的独奏，而是沿线国家的合唱。[1]“河海不择细流，故能就其深”。15 世纪的地理大发现和新航

[1]《迈向命运共同体 开创亚洲新未来——在博鳌亚洲论坛 2015 年年会上的主旨演讲》，《人民日报》2015 年 3 月 29 日。

路的开辟，虽然打破了世界各地相对孤立的状态，使跨洋商业活动日趋频繁，激发了资本主义的大发展，但也催生了欧洲人在美洲、亚洲等地区的殖民掠夺，造成全球范围内的两极分化。21 世纪，站在新的历史起点上，中国将兼容并蓄的中华民族传统文化与放眼世界的大国胸襟有机结合，提出共建“一带一路”倡议，以开放为动力，以包容为内核，摒弃“弱肉强食”的丛林法则，为全球包容性增长提供了新的公共产品，将沿线国家的多样性、差异性和互补性转化为包容性增长的动力与合力，体现出跨越时空的深邃眼光、经略全球的广阔视角和开放大国的责任担当，使沉睡 500 年的欧亚大陆焕发出新的生机与活力，是新时代中国特色的“地理大发现”。

（三）开放包容是破解全球性问题的法宝

当今世界正经历百年未有之大变局，地缘政治风险持续上升，经济全球化遭遇逆流，新冠肺炎疫情肆虐，治理赤字、信任赤字、和平赤字、发展赤字突显，合作机制封闭化、合作规则碎片化问题突出，不稳定不确定不安全因素层出不穷。实践证明，人类生活在共同的家园，拥有共同的命运，人类历史始终在不同民族、不同文化的相遇相知中向前发展。[1] 没有哪个国家能够独自应对人类面临的各种挑战，也没有哪个国家能够退回到自我封闭的孤岛。促进互联互通、坚持开放包容，是应对全球性危机和实现长远发展的必由

[1]《在“一带一路”国际合作高峰论坛欢迎宴会上的祝酒辞》，《人民日报》2017 年 5 月 15 日。

之路。[1] 各国只有齐心协力、携手应对挑战，才可能共渡难关，共同开创美好未来。共建“一带一路”倡议，以开放包容作为破解全球性问题的法宝，强调多元主义、平等参与、民主协商，充分尊重世界各国政治经济制度、宗教历史文化、民族风俗习惯的差异性、多样性，不搞排他性、封闭性，不刻意追求一致性。

三、互学互鉴——“各美其美，美美与共”

2019 年 5 月 15 日，习近平主席在亚洲文明对话大会开幕式上指出，交流互鉴是文明发展的本质要求。只有同其他文明交流互鉴、取长补短，才能保持旺盛生命活力。[2] 文明因交流而多彩，因互学互鉴而丰富。互学互鉴，是在尊重文明多样性、道路多样化和发展水平不平衡等差异的基础上相互学习，取长补短，共同提高。

（一）互学互鉴是古丝绸之路兴盛繁荣的重要源泉

“和羹之美，在于合异。”中国人很早就懂得了“和而不同”的道理。人类文明多样性是世界的基本特征，每种文明都有其独特魅力和深厚底蕴，都是人类的精神瑰宝。文明交流互鉴是推动人类社

[1]《习近平向“一带一路”国际合作高级别视频会议发表书面致辞》，《人民日报》2017 年 6 月 19 日。

[2]《深化文明交流互鉴 共建亚洲命运共同体——在亚洲文明对话大会开幕式上的主旨演讲》，《人民日报》2019 年 5 月 16 日。

会进步的动力、维护世界和平的纽带。不同文明都需要在竞争比较中取长补短，在交流互鉴中共同发展。英国的思想家罗素曾说过，“不同文明的接触，常常成为人类进步的里程碑”。连接亚欧非的古丝绸之路见证了沿线国家在互通有无、互相学习中不断提高生存发展能力的历史。它不仅是一条通商易货之道，更是一条知识交流之路。这条丝绸之路犹如川流不息的“大动脉”，将古代的中华文明、印度文明、波斯文明、两河文明、埃及文明、希腊罗马文明连接起来，成为各种文明交流互鉴的桥梁。这条丝绸之路将中国的丝绸、瓷器、漆器和铁器传到西方，也为中国带来了胡椒、亚麻、香料、葡萄和石榴。商品和知识的交流带来了观念的创新。沿着古丝绸之路，阿拉伯的天文、历法、医药传入中国，中国的“四大发明”、养蚕技术也由此播撒向世界。源自印度的佛教在中国发扬光大，在东南亚得到传承。起源于中国的儒家文化，受到欧洲莱布尼茨、伏尔泰等思想家的推崇。这是交流的魅力、互鉴的成果。共建“一带一路”倡议传承了互学互鉴的历史基因，超越古丝绸之路的地理范畴，以欧亚大陆为主体，向非洲、美洲延伸，覆盖世界九大文化圈，必将成为新时代文明交流互鉴的连心路、世界各国共同美好生活的圆梦路。

（二）互学互鉴是对“文明冲突论”的有力回击

2019年5月15日，习近平主席在亚洲文明对话大会开幕式上指出，各种文明本没有冲突，只是要有欣赏所有文明之美的眼睛，[1]文明没有高上、优劣之分，只有特色、地域之别，文明差异不应该成为世界冲突的根源，而应该成为人类文明进步的动力。[2]在世界各国推崇倡导不同文明相互尊重、交流互鉴的今天，“文明冲突论”等错误论调仍不时沉渣泛起，一些西方学者站在西方文化中心主义的立场上，延续冷战时期非敌即友的战略判断，偏激地认为文明的差异与隔阂是必然的、永恒的，将文明与战争相互“捆绑”，鼓吹文化差异、文明差异是国际冲突产生的根源，提出其他文明只有学习西方文明成果，才能最大限度降低冲突与战争风险。纵观世界历史，两河流域种下的小麦，长江沿岸播撒的稻种，为农业文明揭开序幕；古中国创造负数，阿拉伯人最早测出子午线长度，古印度创造了零的概念，用数学建构生活秩序；楔形文字写就的情诗，玄武岩上的《汉穆拉比法典》，竹简中的《论语》，成为泽被后世的思想力量……历史证明，只有交流互鉴，一种文明才能充满生命力。只要开放包容，就不存在“文明冲突”，就可以实现文明和谐。中国以欣赏所有文明之美的眼睛，以兼收并蓄的涵养，以海纳百川的宽广胸怀，汲取其他文明的养分，创造性地提出共建“一带一路”倡议，倡导“文明和谐论”，反对“文明冲突论”，与各国携手打破文化壁垒，体现出中国推动世界文明交流互鉴的诚意

[1]《深化文明交流互鉴 共建亚洲命运共同体——在亚洲文明对话大会开幕式上的主旨演讲》，《人民日报》2019 年 5 月 16 日。

[2]《共同构建人类命运共同体——在联合国日内瓦总部的演讲》，《人民日报》2017 年 1 月 20 日。

与决心。

（三）互学互鉴为解决种族主义、民族宗教问题点燃智慧之光

当今世界有200多个国家和地区，2 500多个民族和多种宗教。不同历史和国情，不同民族和习俗，孕育了人类文明，使世界更加丰富多彩。但时至今日，一些国家和地区延续数百年的歧视和暴力依然存在，民族、宗教问题引发的冲突仍然是导致地区不稳定的重要因素和世界和平的“绊脚石”。古往今来，众多有识之士对解决种族主义、民族宗教冲突等棘手问题进行了深刻的思考，互学互鉴成为解决这一难题的共同答案。非洲谚语说，如果你想走得快，你得一个人走；但如果你想走得远，就得和伙伴一起走。波斯谚语说，人心之间，有路相通。历史告诉我们，一切文明成果都值得尊重，一切文明成果都要珍惜。中国继承和发扬了人类宝贵的智慧财富，将互学互鉴的理念融入共建“一带一路”倡议，提出不同文明、不同宗教、不同种族、不同民族之间只有互相尊重、平等交流，才能实现和谐共生、合作共赢、共同发展，倡导通过交流互鉴实现学习、消化、融合和创新，减少冲突、矛盾、疑惑和拒绝，实现和而不同、万国安宁、百花齐放、共享发展。

四、互利共赢——“兼容并蓄，利在其中”

2017 年 5 月 14 日，习近平主席在首届“一带一路”国际合作高峰论坛开幕式上指出，我们推进“一带一路”建设不会重复地缘博弈的老套路，而将开创合作共赢的新模式。[1] 互利共赢，是不同种族、不同信仰、不同文化背景的国家和地区通过互惠合作，共同应对威胁和挑战，共同谋划利益和福祉，进而实现互惠互利的共赢发展。

（一）互利共赢蕴含着中华文明的历史智慧

大厦之成，非一木之材也；大海之阔，非一流之归也。自古以来，中华文明就崇尚“美人之美、美美与共”，主张和合共生、互利共赢。距今 2 500 多年的中国先贤老子曾说过，“既以为人，己愈有；既以与人，己愈多”。越是为别人着想，自己收获就越多；越是懂得给予和奉献，自己得到的就越多。人与人之间、国家之间、地区之间只有互利互惠才能实现合作共赢。正是在这样的理念引领下，古丝绸之路兴盛、发展，结出累累硕果。这条丝绸之路见证了陆上“使者相望于道，商旅不绝于途”的盛况，也见证了海

---

[1]《携手推进“一带一路”建设——在“一带一路”国际合作高峰论坛开幕式上的演讲》，《人民日报》2017 年 5 月 15 日。

上“舶交海中，不知其数”的繁华，创造了地区大发展大繁荣。依托这条经济大动脉，资金、技术、人员等生产要素自由流动，商品、资源、成果实现共享。阿拉木图、撒马尔罕、长安等重镇和苏尔港、广州等良港兴旺发达，罗马、安息、贵霜等古国欣欣向荣。由古及今，中国在新时代借鉴古丝绸之路的历史经验，凝结中华文明的历史智慧，提出共建“一带一路”倡议，以“互利共赢”为纽带，将我国发展与沿线国家发展结合起来，将中国梦与沿线各国人民的梦想结合起来，赋予古丝绸之路以全新的时代内涵。

（二）互利共赢是中国开展国际合作秉持的重要原则

2014 年 11 月 4 日，习近平总书记在中央财经领导小组第八次会议上指出，推进“一带一路”建设，要本着互利共赢的原则同沿线国家开展合作，让沿线国家得益于我国发展。[1] 中国以世界共同发展和繁荣为己任，将互利共赢的理念融入共建“一带一路”倡议，为各国提供更多的市场机遇、投资机遇、增长机遇，携手实现更高水平的互利共赢和共同发展。20 世纪 70 年代末，中国敞开大门搞建设，以“不拒众流，方为江海”的气魄，与世界各国寻找利益汇合点、政策理念共鸣点、互补合作契合点，寓中国发展于世界繁荣发展之中，使中国完成了从一个贫穷落后的发展中国家向位居

[1]《习近平主持召开中央财经领导小组第八次会议强调 加快推进丝绸之路经济带和二十一世纪海上丝绸之路建设》，《人民日报》2014 年 11 月 7 日。

世界经济总量次席、走向全面小康社会的新兴经济体的华丽转身，成就了40多年的发展奇迹。在全球产业分工深度融合、经济全球化不可逆转的今天，中国这样一个超大规模的国家走向现代化，给世界经济带来的贡献是全方位的。中国对全球经济增长的贡献率连续多年保持在30%左右，成为名副其实的全球经济“火车头”。中国有230多个贸易伙伴，是130个贸易伙伴的前三大进口来源地、61个贸易伙伴的第一大进口来源地。世界上70%的脱贫成果是由中国努力实现的。中国的发展是属于全人类进步的伟大事业，中华民族的伟大复兴将继续成为全球和平发展的“稳定锚”、世界繁荣进步的“发动机”、各国合作共赢的“助推器”。中国推动更高水平开放的脚步不会停滞，与各国实现互利共赢的脚步也不会停滞。

（三）建立互利共赢伙伴关系是各国谋发展、促合作的共同选择

中国是共建“一带一路”的倡导者和推动者，但建设“一带一路”不是中国一家的事。习近平主席洞察历史规律、把握时代潮流，深刻指出，“经济全球化是不可逆转的历史大势”“包容普惠、互利共赢才是越走越宽的人间正道”。[1]第一次工业革命催生国际分工，英国棉纺厂加工来自世界各地的棉花，棉布成为最早的全球化

[1]《共建创新包容的开放型世界经济——在首届中国国际进口博览会开幕式上的主旨演讲》，《人民日报》2018年11月6日。

商品，世界就此开启经济全球化的历史进程，合作共赢成为发展的主旋律。20 世纪 70 年代，信息技术革命席卷全球。80 年代，国际贸易成为拉动世界经济增长的主要动力。进入 90 年代，全球产业链日益形成和发展，以跨国公司为载体，资金、人才、技术的全球流动深刻地改变了世界经济格局。面向未来，人工智能、大数据、量子通信、区块链等新一轮科技革命和产业变革，将进一步推动经济全球化向纵深发展。历史车轮滚滚向前，时代潮流浩浩荡荡，只有顺势而为，才能挺立潮头、把握未来。当前，经济全球化遭遇逆流，贸易保护主义抬头、逆全球化思潮暗流涌动。作为世界最大发展中国家，中国主动承担引领和推动经济全球化健康发展的责任。“一带一路”建设以互联互通和产能合作打通要素全球流动渠道，努力打造富有活力的增长模式、开放共赢的合作模式、公正合理的治理模式、平衡普惠的发展模式，推动更加均衡、包容和普惠的经济全球化，是中国融入经济全球化的实际行动，是渴望发展繁荣的世界各国人民的共同选择。国际社会认为，“一带一路”建设是世界“最好的全球化发展模式”。

第二节

推动以“五通”为重点的互联互通

当今世界，是更加开放包容，还是走向封闭极端？以“五通”为主要内容的互联互通是回答这一世纪之问的“中国答案”。2019年4月26日，习近平主席在第二届“一带一路”国际合作高峰论坛开幕式上指出，共建“一带一路”倡议，目的是聚焦互联互通，深化务实合作，携手应对人类面临的各种风险挑战，实现互利共赢、共同发展。[1]

[1]《齐心开创共建“一带一路”美好未来——在第二届“一带一路”国际合作高峰论坛开幕式上的主旨演讲》，《人民日报》2019年4月27日。

一、互联互通是共建“一带一路”的关键

2019年4月26日，习近平主席在第二届“一带一路”国际合作高峰论坛开幕式上指出，共建“一带一路”，关键是互联互通。[1]“万物得其本者生，百事得其道者成”。“一带一路”建设倡导不同民族、不同文化“交而通”，彼此多拆墙、少筑墙。“五通”组成的互联互通相互联系，构成了“一带一路”建设不可分割的有机整体。加强政策沟通是“一带一路”建设的重要保障，设施联通是“一带一路”建设的优先方向，贸易畅通是“一带一路”建设的重点内容，资金融通是“一带一路”建设的重要支撑，民心相通是“一带一路”建设的社会根基。

（一）互联互通是人类社会的不懈追求

自古以来，互联互通就是人类社会的追求。[2]其精神实质就是敞开心扉、拥抱开放。人类的祖先在极为艰难的条件下，创造出众多互联互通的奇迹。汉朝张骞出使西域，开辟了享誉世界的丝绸之路；唐朝鉴真东渡日本，让大唐文明远播东瀛；明代郑和七下西

[1]《齐心开创共建“一带一路”美好未来——在第二届“一带一路”国际合作高峰论坛开幕式上的主旨演讲》，《人民日报》2019年4月27日。

[2]《联通引领发展 伙伴聚焦合作——在“加强互联互通伙伴关系”东道主伙伴对话会上的讲话》，《人民日报》2014年11月9日。

洋，成就了人类最早的远航传奇；哥伦布、麦哲伦发现了新大陆，掀开了人类历史的新篇章。在中国愚公移山的寓言故事中，“子子孙孙无穷匮也，而山不加增，何苦而不平”的信念，寓意了古人与外界互联互通的向往与执着。从古至今，人类怀揣着对外界的希冀，不断突破自身的认知局限。互联互通传承了历史的基因，是民心所向、现实所需，是参与共建“一带一路”有关各方的共同追求。

（二）互联互通是顺应经济全球化大势的必然选择

古丝绸之路的开辟是当时经济全球化的尝试和实践，是经济全球化的“幼儿版”，推动了沿线各国经济、文化的交流和发展，促进了不同文明的对话和沟通，在人类历史上书写出辉煌灿烂的篇章。今天，随着科学技术的突飞猛进，人类实现了“坐地日行八万里，巡天遥看一千河”的奇迹，资本、信息、技术、人才等要素已在全球范围内实现优化配置，比起筚路蓝缕的先辈，我们更有理由、更有条件实现更大范围、更高层次的互联互通。共建“一带一路”倡议的内涵之一就是打造现代版互联互通的新格局，通过全方位互联互通，使参与各方跨越地理分隔和国家疆界，将发达的欧洲经济圈和活跃的东亚经济圈更加紧密地联系起来，带动欧亚大陆广大腹地区域的发展，辐射亚欧非各大洲，促进形成统一大市场，共同打造开放、包容、均衡、普惠的区域经济总体架构，提升世界贸易体系的活力。

（三）互联互通是全方位、网络化的大联通

2014年11月8日，习近平主席在“加强互联互通伙伴关系”东道主伙伴对话会上指出，如果将“一带一路”比喻为亚洲腾飞的两只翅膀，那么互联互通就是两只翅膀的血脉经络。互联互通不仅是修路架桥，不光是平面化和单线条的联通，而更应该是基础设施、制度规章、人员交流三位一体，政策沟通、设施联通、贸易畅通、资金融通、民心相通五大领域齐头并进，是全方位立体化、网络化的大联通。[1]在互联互通中，“互联”着眼于沿线各国基础设施的联通，“互通”着眼于商品、资金、技术、人员等的高速流通，“互联”是“互通”的基础、合作的前提。共建“一带一路”，就是用“互联”让沿线各国获得平等的发展权利，以“互通”使其自主掌握合作的主动权，通过基础设施和各领域互联互通，加强中国经济同世界的联系，拉近沿线国家在地理空间、物理空间和制度空间上的距离，深化和扩大各国之间的投资贸易合作，加强彼此经济的深度融合，带动世界经济发展。

---

[1]《联通引领发展 伙伴聚焦合作——在“加强互联互通伙伴关系”东道主伙伴对话会上的讲话》，《人民日报》2014年11月9日。

二、国际经济合作走廊是互联互通的重要依托

2019年4月26日，习近平主席在第二届“一带一路”国际合作高峰论坛开幕式上指出，中国将同各方继续努力，构建以新亚欧大陆桥等经济走廊为引领，以中欧班列、陆海新通道等大通道和信息高速公路为骨架，以铁路、港口、管网等为依托的互联互通网络。[1] 在区域经济学中，经济走廊是指依托一定的交通运输干线、地理位置、自然环境和资源禀赋而形成的带状区域经济单元。在这个区域内，一些经济比较发达的城市，通过互联互通发挥经济集聚和辐射作用，连接带动不同等级规模的城市实现经济社会发展，形成点状密集、以点带面、线状延伸的走廊经济区，实现生产、流通、发展的一体化。新亚欧大陆桥、中蒙俄、中国—中亚—西亚、中国—中南半岛、孟中印缅六大国际经济合作走廊，是丝绸之路经济带的主要走向，是构建区域经济合作网络和实现“一带一路”沿线国家互联互通的重要依托。

（一）以经济走廊为依托推进互联互通，是“一带一路”建设的重要选择

从历史的角度看，人类经济发展与现代化进程主要沿着自然

---

[1]《齐心开创共建“一带一路”美好未来——在第二届“一带一路”国际合作高峰论坛开幕式上的主旨演讲》，《人民日报》2019年4月27日。

或贸易交流形成的走廊依次展开。"香料之路""皮毛之路""奴隶之路""丝绸之路""信仰之路"等，曾构成整个世界的中枢神经系统。哥伦布发现的大西洋新航道、达·伽马发现的印度洋新航道，改变了全球贸易交往格局，使欧洲成为东西方之间新的中心。20世纪90年代中期，整个欧亚人口的25%，城市人口的70%，都集中在若干主要交通走廊沿线。这些走廊成为连接欧亚经济的"主动脉"。"一带一路"建设遵循历史发展规律，依托重要经济通道构建产业合作带，优化区域生产力布局，推动各国经济协同发展。从现实角度看，"一带一路"沿线大多数国家为发展中国家，普遍处于经济发展的上升期，经济"造血"能力不足，投资能力有限。"一带一路"贯穿欧亚大陆，东边连接亚太经济圈，西边进入欧洲经济圈。打通两个经济圈之间的经济通道，必须将有限的资源集中起来，依托纵横交错、贯通四方的铁路、公路、航空和能源管网，优先打造若干经济合作走廊，释放走廊辐射潜力，帮助沿线发展中国家突破发展瓶颈，引入"造血机制"，以点带面，从线到片，逐步形成区域大合作的良性发展格局。

（二）以经济走廊为依托推进互联互通，是实现协同推进与分类施策有机统一的重要抓手

"一带一路"建设重点面向亚欧非大陆，跨越不同地域、不同发展阶段、不同文明。"一带一路"沿线国家制度多样、资源禀赋不同、发展水平不一，合作诉求、面临问题千差万别，与中国经济

结构的互补性及国际合作关系也存在很大差异。上述情况决定了推进“一带一路”互联互通必须要综合考虑各种复杂因素，根据实际情况采取不同方式予以推进。“一带一路”建设统筹陆海两大方向，坚持因地制宜、分类施策，以交通基础设施为突破口，以国际经济合作走廊作为互联互通的载体，以建设融资平台为抓手，以人文交流为纽带，以共商共建共享的平等互利方式，提高基础设施线路的经济效益和国际影响力，建设深度交融的互利合作网络，实现政策对接、利益融合、繁荣共享。

（三）以经济走廊为依托推进互联互通，是实现中国内外联动发展的重要举措

六大国际经济合作走廊通江达海，辐射五洲，对外以线连接、以带支撑起整个“一带一路”，对内服务于中国全面开放新格局。各条国际经济合作走廊均以中国国内地区为起点，向南强化与东盟、南亚地区经贸往来，向西强化与中亚、西亚地区交流合作，向东扩展沿海地区腹地辐射功能，与京津冀协同发展、粤港澳大湾区建设、长江三角洲区域一体化发展、推进海南全面深化改革开放、西部大开发、东北等老工业基地振兴、中部崛起等国家战略相互衔接，与国土空间规划在布局上相互融合，将推动对外开放与优化内部空间结构相结合，是我国促进东中西部互动合作、内外联动发展的大通道，有利于推动内陆地区、西部地区从开放的“末梢”变为开放的前沿，有利于发挥各地比较优势、深度融入全球产业链、供

应链和价值链体系，有利于推动国内经济发展和转型升级，有利于打造更全面、更深入、更多元的对外开放格局。

三、基础设施是互联互通的基石

2019 年 4 月 26 日，习近平主席在第二届“一带一路”国际合作高峰论坛开幕式上指出，基础设施是互联互通的基石，也是许多国家发展面临的瓶颈。建设高质量、可持续、抗风险、价格合理、包容可及的基础设施，有利于各国充分发挥资源禀赋，更好融入全球供应链、产业链、价值链，实现联动发展。[1]

（一）设施联通是合作发展的基础

作为生产性投资，基础设施互联互通与生产、生活密切相关，对经济社会发展具有基础性、先导性、全局性作用，不仅其本身能够形成新的经济增长点，还能够通过建立各国之间、各区域之间更为快捷、便利和安全的贸易通道，发挥辐射带动作用，促进投资与消费，创造需求和就业，激发各国发展潜力，为人文交流创造不可或缺的前提条件。更为重要的是，大型基础设施互联互通带来的全球供应链、价值链革命，超越自然与政治地理边界，形成人类经济

[1]《齐心开创共建“一带一路”美好未来——在第二届“一带一路”国际合作高峰论坛开幕式上的主旨演讲》，《人民日报》2019 年 4 月 27 日。

联动发展的循环系统，支撑起全球经济体系，将“营养物质”输送到世界各地。实践证明，基础设施互联互通是一个国家或地区实现可持续发展的先决条件。以公路、铁路、港口、空运、水运等为基础的交通基础设施网络，以光缆、卫星等为基础的通信基础设施网络，以能源管道、电网为基础的能源基础设施网络等，构成“一带一路”建设的优先领域，成为推动“一带一路”高质量发展的根基血脉。

（二）设施联通是各国深化区域一体化与经济全球化的共同愿望

全球基础设施的发展使世界从割裂走向互联，从民族分割走向融合。互联互通并非中国人的独创，早已成为世界各国的广泛共识。在东南亚，东盟早在2003年决定加快区域一体化步伐，2009年正式发表开展互联互通建设的联合声明，致力于以多元投资方式全面推进设施联通总体规划，2012年东盟域内海陆空交通网络化建设全面展开，2016年正式出台《东盟互联互通总体规划2025》。在非洲，非洲国家统一组织早在20世纪70年代就制订了“泛非高速公路网”计划，非洲铁路联盟于2004年提出“十大铁路通道”计划，非洲联盟先后于2005年、2012年通过了“非洲行动计划”“非洲基础设施发展规划”，谋划建设数十条跨区域“交通走廊”。在欧洲，欧盟专门开展“泛欧交通运输网”建设，旨在加强各成员国之间，尤其是经济欠发达边缘地区国家的基础设施纽带。

2016年2月，在上海举行的二十国集团（G20）央行行长和财长会议上，与会各国共同宣布启动全球基础设施互联互通联盟倡议，决定增强基础设施计划之间的合作与协调，一致认为，加强互联互通对于最大限度地发挥国别基础设施的正面溢出效应、创造更多投资机会具有重要作用。

（三）设施联通是突破沿线国家发展瓶颈的有效途径

“一带一路”沿线国家，特别是发展中国家基础设施互联互通水平整体滞后。一些发展中国家由于国内各地区未能实现有效互联，内部割裂比较严重，无法突破“贫困恶性循环”，难以实现持续稳定的经济增长。完善的交通基础设施是形成有效联通的世界大市场的前提。共建“一带一路”设施联通致力于解决传统全球化遗留的“联而不通，通而不畅”难题，在尊重相关国家主权和安全关切的前提下，通过对接技术及建设标准、规划建设国际骨干通道，推动形成贯通共建“一带一路”的基础设施网络，构建覆盖欧亚大陆的贸易大通道、产业大通道和物流大通道，打造商流、物流、人流、资本流、信息流一体化的新型全球链接方式，促进沿线国家之间贸易投资与产业合作。伴随设施联通水平不断提升，一些几乎被世界“遗忘”的发展中国家加速融入全球供应链、价值链，获得了突破发展短板和瓶颈的重大机遇和可持续发展的源头活水，增强了发展后劲，为脱贫致富奠定了坚实的基础。

四、构建全球互联互通伙伴关系是实现共同繁荣的重要举措

全球范围内的互联互通是全球化时代的本质特征。2019 年 4 月 26 日，习近平主席在第二届“一带一路”国际合作高峰论坛开幕式上提出“构建全球互联互通伙伴关系”的概念，指出“我们应该构建全球互联互通伙伴关系，实现共同发展繁荣。我相信，只要大家齐心协力、守望相助，即使相隔万水千山，也一定能够走出一条互利共赢的康庄大道”。[1] 构建全球互联互通伙伴关系，以基础设施互联互通为引领，深入对接各国和国际组织经济发展规划，推动形成以国际经济合作走廊为依托、以铁路、管网等为支撑的互联互通网络，促进陆上、海上、空中、网上互联互通，共同携手为经济增长提供强劲动力和广阔空间。

（一）构建全球互联互通伙伴关系是高质量共建“一带一路”的内在要求

共建“一带一路”倡议将践行互联互通理念贯穿其中，致力于打造全球最具包容性的多元合作平台，为生产要素和财富在世

[1]《齐心开创共建“一带一路”美好未来——在第二届“一带一路”国际合作高峰论坛开幕式上的主旨演讲》，《人民日报》2019 年 4 月 27 日。

界范围内的自由流动和融通提供了新渠道。构建全球互联互通伙伴关系，通过立体化推进基础设施的硬件联通、规章制度标准政策的软件联通、人文交流友好互信的人文联通，实现世界范围内的全方位对接，是推动各国联动增长、共同繁荣的有力举措，是共建“一带一路”倡议核心理念的运用和发展，是高质量共建“一带一路”的内在要求。构建全球互联互通伙伴关系，主张与“一带一路”沿线国家建立相互尊重、求同存异、合作共赢的“合作关系”，突破地理环境的约束和个别行业领域的偏狭，对接各国和国际组织的发展规划和倡议，以多元化手段在多个领域加强合作机制建设，深化多边及第三方市场合作，助力更多国家提升互联互通水平，形成有效联动机制，在经济共振中实现世界联动发展、共同繁荣。

（二）构建全球互联互通伙伴关系为全球共同发展提供重要保障

经济全球化是一把“双刃剑”，在促进商品和资本流动、科技和文明进步、各国人民交往、世界经济增长的同时，也引发治理困境、公平赤字，加剧了财富鸿沟与阶层分化。全球互联互通伙伴关系，本质是一种非强制性、非依附性的合作关系，致力于消解经济全球化的负面影响、破除传统全球化的“中心—边缘”结构和传统全球治理中的“金字塔垂直等级”，努力解决困扰世界发展的“非均衡”“碎片化”等问题，为推动建设开放、包容、普惠、平衡、共赢的新型全球化提供强大动力。构建全球互联互通伙伴关系，将合作视野拓展至全世界，将合作范围锁定为全方位互联互通，以相互尊重为前提，以互利合作为保障，是新兴大国和发展中国家深度融入全球经济体系后，主动铺设的与世界积极互动的全新路径，为那些希望加快自身发展、更好融入经济全球化的国家提供了新选择，有利于释放广大发展中国家和转型国家的发展潜力，有利于减少全球发展“洼地”、破解“发展赤字”。

（三）构建全球互联互通伙伴关系为构建人类命运共同体增添新动力

构建全球互联互通伙伴关系是顺应时代潮流和世界发展趋势的重要举措，是通向和平发展的桥梁，为构建人类命运共同体增添了新动力。构建人类命运共同体需要各种文明平等相待、交流互鉴，需要各个国家秉持求同存异、合作共赢的理念，听取和吸收其他国家的意见建议，充分考虑和尊重彼此的利益诉求，凝聚合作共识，找到利益契合点，为人类社会进步提供强大动力，实现融合发展。构建全球互联互通伙伴关系与构建人类命运共同体一脉相承，体现人类命运共同体的精神实质。构建全球互联互通伙伴关系，通过优化整合各国优势，使广大发展中国家都能从合作中受益，通过推动各国加快开放，为各国实现战略对接、优势互补提供重要保障，有利于促进全球经济包容性增长。构建全球互联互通伙伴关系，以文明互鉴开创多元文明交融的新路径，通过推动各国相互信任、平等协商、共同决策，促进人文交流机制化、长效化、深入化，切实促进文化相融、民心相通，将不同文明间的包容和交流提升至新境界。

第三节

以共建“一带一路”引领我国全面对外开放

以共建“一带一路”引领我国全面对外开放是以习近平同志为核心的党中央根据中国和世界发展大势，为推动形成全面开放新格局、建设更高水平开放型经济新体制作出的重大决策。在新的历史时期，共建“一带一路”正逐步推动我国开放空间从沿海、沿江向内陆、沿边地区延伸，形成陆海内外联动、东西双向互济的开放新格局。

一、“一带一路”建设是我国扩大对外开放的重大战略举措

2016年8月17日，习近平总书记在推进“一带一路”建设工

作座谈会上指出，“一带一路”建设的定位是我国扩大对外开放的重大战略举措和经济外交的顶层设计，是我国今后相当长时期对外开放和对外合作的管总规划，也是我国推动全球治理体系变革的主动作为。[1] 这是对“一带一路”建设重要意义的深刻阐释。

（一）“一带一路”建设是我国应对外部环境变化的重大战略举措

2008 年国际金融危机以来，世界经济和全球格局发生了重大变化。以中国为代表的新兴经济体和发展中国家迅速崛起，成为全球经济格局中的重要力量。2017 年 9 月 5 日，习近平主席在新兴市场国家与发展中国家对话会上指出，新兴市场国家和发展中国家群体性崛起，成为不可逆转的时代潮流。[2] 生产力的变化要求生产关系的调整，群体性崛起的新兴经济体和发展中国家要求在全球事务中享有更大的话语权，要求全球治理进行改革。共建“一带一路”倡议的提出顺应全球化发展的新趋势和新潮流，强调发展的普惠性和公平权，强调全球政治的民主化，为新兴经济体和发展中国家创造更多合作求发展的机会和参与全球治理的机会，是对现有全球化的补充、完善和创新。

---

[1]《在推进“一带一路”建设工作座谈会上的讲话》（2016 年 8 月 17 日），《习近平关于社会主义经济建设论述摘编》，中央文献出版社 2017 年版，第 276 页。

[2]《深化互利合作 促进共同发展——在新兴市场国家与发展中国家对话会上的发言》，《人民日报》2017 年 9 月 6 日。

（二）“一带一路”建设彰显了中国扩大对外开放的决心和态度

历史上的兴盛期和开放期往往是重合的，一个国家强盛才能充满信心开放，而开放促进一个国家强盛。开放带来进步，封闭必然落后。党的十八大以来，中国特色社会主义进入新时代，开放型经济的基础和条件发生深刻变化，中国与世界的互动关系也发生了历史性演变。对今天的中国来说，问题已不是要不要对外开放，而是如何提高对外开放的质量和发展的内外联动性。中国要保持经济持续健康发展，就必须树立全球视野，更加自觉地统筹国内国际两个大局，完善对外开放区域布局、对外贸易布局、投资布局，发展更高层次的开放型经济，以共建“一带一路”引领全方位对外开放，以扩大开放带动创新、推动改革、促进发展。共建“一带一路”是新时期中国全面谋划全方位对外开放的重要举措，使中国以更加积极主动的姿态走向世界、融入世界。中国开放的大门永远不会关上，只会越开越大，通过推动共建“一带一路”，中国向世界发出了新时代对外开放最强音，彰显了中国进一步扩大对外开放的决心和态度。

（三）“一带一路”建设是开放理论的重大创新

2013 年 12 月 10 日，习近平总书记在中央经济工作会议上形象地指出，这“一带一路”，就是要再为我们这只大鹏插上两只翅膀，建设好了，大鹏就可以飞得更高更远。[1]推进"一带一路"建设，是以习近平同志为核心的党中央统揽政治、外交、经济社会发展全局作出的重大战略决策，是将中国发展置于更广阔国际空间来谋划的主动开放之举。这一宏伟倡议，不仅对新时代中国对外开放布局进行了统筹谋划，而且对中国与世界实现开放共赢的路径进行了顶层设计，彰显了中国特色社会主义道路自信、理论自信、制度自信、文化自信，是我国开放理论的重大创新。

二、推动构建更高水平开放型经济新体制

2014 年 12 月 5 日，习近平总书记在中共中央政治局第十九次集体学习时指出，站在新的历史起点上，实现"两个一百年"奋斗目标、实现中华民族伟大复兴的中国梦，必须适应经济全球化新趋势、准确判断国际形势新变化、深刻把握国内改革发展新要求，以更加积极有为的行动，推进更高水平的对外开放，加快实施自由贸易区战略，加快构建开放型经济新体制，以对外开放的主动赢得经济发展的主动、赢得国际竞争的主动。[2]这就要求以"一带一路"建设为引领，推动建设更高水平开放型经济新体制。

[1]《在中央经济工作会议上的讲话》（2013 年 12 月 10 日），《习近平关于社会主义经济建设论述摘编》，中央文献出版社 2017 年版，第 247 页。

[2]《习近平在中共中央政治局第十九次集体学习时强调 加快实施自由贸易区战略 加快构建开放型经济新体制》，《人民日报》2014 年 12 月 7 日。

（一）以“一带一路”建设为引领，建设更高水平开放型经济新体制，是抓住和用好中国发展重要战略机遇期的需要

当前和今后一个时期我国发展仍然处于并将长期处于重要战略机遇期。中国已成为世界第二大经济体和世界经济增长重要引擎，与中国在世界经济中扮演的新角色相比，对外开放水平总体不高、国际制度性话语权不强的问题比较突出。面对外部环境新形势，中国必须因势而谋、应势而动，以“一带一路”建设为引领，加快建设更高水平开放型经济新体制，用好国际国内两个市场、两种资源，积极参与国际经贸规则制定，提供国际公共产品，不断增强我们在国际规则制定上的话语权和制度性权利，认识好、把握好、利用好发展的重要战略机遇期，为推动构建人类命运共同体贡献力量。

（二）以“一带一路”建设为引领，建设更高水平开放型经济新体制，是推动经济高质量发展的需要

当前，中国经济已深度融入世界经济，国内外经贸往来之密、要素流动之广、市场融合之深前所未有，中国发展越来越离不开世界，世界发展也越来越依靠中国。中国经济已由高速增长阶段转向高质量发展阶段，社会主要矛盾转化为人民日益增长的美好生活需要和不平衡不充分的发展之间的矛盾。这是关系全局的历史性变化，对扩大开放也提出了新要求。当前，中国正处在转变发展方

式、优化经济结构、转换增长动力的攻关期，部分中低端产品过剩和中高端产品供给不足并存，产业链不够稳固和安全，与开放水平不高、企业国际竞争力不强有关。这就要求我们必须以“一带一路”建设为引领，顺应推动经济高质量发展的根本要求，通过建设更高水平开放型经济新体制，推进新一轮高水平对外开放，更好利用全球资源和市场，更好统筹国内国际两个大局，更大程度引进国际先进技术、经营理念和管理经验，更大力度拓展国际人才、经济技术交流与合作，进一步打通国际国内两个市场、高效利用国内国际两种资源，形成统一开放、竞争有序的现代市场体系，促进国内国际要素资源有序自由流动、全球高效配置，进一步增强我国经济创新能力，推动经济转型升级，实现新旧动能转换，促进中国产业迈向全球价值链中高端。

（三）以“一带一路”建设为引领，建设更高水平开放型经济新体制，是培育国际合作竞争新优势的需要

当前及今后一个时期，全球经济结构面临深度调整，围绕市场、资源、人才、技术、标准等方面的竞争日趋激烈，我国发展面临的外部环境更加复杂，迫切需要加快培育国际合作竞争新优势。“一带一路”建设立足高水平对外开放，注重提高对外开放的质量效益，为培育国际合作竞争新优势提供了有力支撑。“一带一路”建设有利于促进对外贸易由“大进大出”向“优进优出”转变，推动更多的装备、技术、标准、服务成功走出去，使“中国品

牌”“中国建设”在沿线国家赢得了广泛赞誉。“一带一路”建设有利于促进跨国投资由以引进来为主向引进来和走出去并重转变，吸引外资向高端制造业、现代服务业聚集，通过对外投资构建跨国产业链、价值链，提升了中国企业的全球竞争力。

三、推动形成陆海内外联动、东西双向互济的开放格局

党的十九大报告指出，要以“一带一路”建设为重点，坚持引进来和走出去并重，遵循共商共建共享原则，加强创新能力开放合作，形成陆海内外联动、东西双向互济的开放格局。这是以习近平同志为核心的党中央准确判断国际形势新变化、准确把握国内改革发展新要求作出的重大战略决策，为推进“一带一路”建设高质量发展指明了前进方向。

（一）“一带一路”建设有利于充分发挥我国现阶段经济禀赋和比较优势

习近平总书记提出共建“一带一路”倡议，立足我国实际、符合我国现阶段经济禀赋和比较优势，又有助于相关国家共同发展，必将开创我国对外开放新格局，推动经济全球化健康发展。经过长期发展和积累，中国经济禀赋不再是单一的劳动力丰裕，而是形成了包括资本要素、硬件基础设施、软件政策制度等的多元结构。首先，人力资本的逐步积淀和物质资本的持续积累使中国具备了充足

的资本要素，加快由劳动力丰裕型要素禀赋结构向资本丰裕型要素禀赋结构转变。中国已经具备较强的资本实力，可以自主选择发展符合自身禀赋结构和比较优势的产业，实现产业结构和贸易结构的优化升级。其次，中国在制造业不断发展中积累了大量先进技术，形成了较为完整高效的产业链。最后，产业结构的持续升级和对外经贸的广泛开展，带动中国交通运输网、信息通信网和电网等硬件基础设施不断完善。这些质量高、覆盖广的基础设施能够适应中国发展阶段的提升及参与经济全球化的需要，是中国长期建设形成的比较优势。

（二）“一带一路”建设是推动陆海统筹的重要抓手

2016 年 8 月 17 日，习近平总书记在推进“一带一路”建设工作座谈会上指出，“一带一路”是一个整体，要齐头并进，两只翅膀都要硬起来。[1] 我国是一个陆海兼备的发展中大国，但对外开放主要是通过利用海洋经济的平台，沿海地区率先开放，内陆地区在开放方面相对滞后，总体呈现海强陆弱的格局。“一带一路”是中国敞开胸怀、拥抱世界的两只臂膀，丝绸之路经济带从陆上拥抱世界，21 世纪海上丝绸之路从海上联通世界。“一带一路”建设是推动陆海统筹的重要抓手，不仅利用海洋平台，还有效利用陆上国际

[1]《在推进“一带一路”建设工作座谈会上的讲话》（2016 年 8 月 17 日），《习近平关于社会主义经济建设论述摘编》，中央文献出版社 2017 年版，第 279 页。

大通道，能够使内陆腹地得到有效开放和发展。“一带一路”建设既有利于激发陆上的活力，连片推进、联动发展，也有利于释放海上的潜力，联湾共舞、合作共赢，推动形成陆海内外联动、东西双向互济的开放格局。

（三）“一带一路”建设是东中西部协同开放发展的重要实践

中国对外开放从沿海起步，由东向西渐次推进，取得的成就举世瞩目。但受地理区位、资源禀赋、发展基础等因素影响，东快西慢、海强陆弱的局面没有根本改变，东部沿海地区开放型经济也面临转型升级。“一带一路”建设以沿边地区为前沿，以内陆重点经济区为腹地，以东部沿海发达地区为引领，同京津冀协同发展、长江经济带发展、粤港澳大湾区建设、长江三角洲区域一体化发展、黄河流域生态保护和高质量发展等区域发展战略对接，同西部开发、东北振兴、中部崛起、东部率先发展、沿边开发开放联动，能够极大优化我国经济发展空间布局，促进我国区域协调发展。“一带一路”建设有利于改变过去点状、块状发展格局，形成以点连线、由点带面、线廊互动的发展格局，有利于促进西部地区成为中国对外开放合作的前沿。内陆和沿边地区劳动力充裕，自然资源富集，特别是随着“一带一路”建设加快推进，中西部地区基础设施不断改善，逐步从开放“末梢”走向开放前沿，开放型经济发展空间广阔。

四、推动建设开放型世界经济

2019 年 4 月 27 日，习近平主席在第二届“一带一路”国际合作高峰论坛圆桌峰会上指出，我们要共同推动建设开放型世界经济，反对保护主义，继续把共建“一带一路”同各国发展战略、区域和国际发展议程有效对接、协同增效，通过双边合作、三方合作、多边合作等各种形式，鼓励更多国家和企业深入参与，做大共同利益的蛋糕。[1] 共建“一带一路”倡议契合各国发展需要，为促进各国协调联动发展、实现共同繁荣提供了新方案。

（一）共建“一带一路”是建设开放型世界经济的主动作为

2017 年 12 月 1 日，习近平总书记在中国共产党与世界政党高层对话会上指出，如果奉行你输我赢、赢者通吃的老一套逻辑，如果采取尔虞我诈、以邻为壑的老一套办法，结果必然是封上了别人的门，也堵上了自己的路。[2] 习近平总书记以“门”“路”为喻，形象而深刻地指出只顾自己发展、不顾他国利益行为的危害，倡议“共同推动世界各国发展繁荣”。相互尊重、公平正义、合作共赢的

---

[1]《高质量共建“一带一路”——在第二届“一带一路”国际合作高峰论坛圆桌峰会上的开幕辞》，《人民日报》2019 年 4 月 28 日。

[2]《携手建设更加美好的世界——在中国共产党与世界政党高层对话会上的主旨讲话》，《人民日报》2017 年 12 月 2 日。

中国理念，开放包容、务实进取、勇于担当的中国态度，赢得国际社会的广泛认同。“一带一路”建设顺应人类社会相互依存的发展趋势，使各种经济要素冲破地理障碍得到更合理配置，通过提高有效供给催生新的需求，重塑世界生产、投资和消费格局，为经济全球化找到可持续的新动能。共建“一带一路”倡议坚持开放包容，推动解决发展失衡、治理困境、数字鸿沟、分配差距等全球性问题，为引导经济全球化向更加开放、包容、普惠、平衡、共赢方向发展开辟了新路径，为构建更加公正合理的全球治理体系勾画了新愿景。近年来，“一带一路”建设，已经从理念转化为行动，从愿景转变为现实，不仅拉近了中国与世界的距离，也为开放型世界经济注入了强大活力。

（二）共建“一带一路”是推动全球经济增长的有效方案

2017年5月14日，习近平主席在首届“一带一路”国际合作高峰论坛开幕式上指出，推进“一带一路”建设，要聚焦发展这个根本性问题，释放各国发展潜力，实现经济大融合、发展大联动、成果大共享。[1]当前，世界经济复苏乏力，贸易和投资持续低迷，传统增长引擎对经济的拉动作用减弱，新的经济增长点仍未形成。与此同时，经济发展不平衡问题十分突出，贫富悬殊和南北差

[1]《携手推进“一带一路”建设——在“一带一路”国际合作高峰论坛开幕式上的演讲》，《人民日报》2017年5月15日。

距扩大问题依然严重，贫困及其衍生的饥饿、疾病、社会冲突等一系列难题困扰着许多发展中国家。在这种形势下，最迫切的任务是挖掘潜在需求、创造新的增长点、形成新的发展引擎，引领世界经济走出困境。共建“一带一路”贯穿亚欧非大陆，连接东亚经济圈和欧洲经济圈，以完善基础设施为先导，实现资源有效配置和市场深度融合，为各方搭建了一个开放高效、优势互补、联动发展的国际合作平台。“一带一路”建设以政策沟通、设施联通、贸易畅通、资金融通、民心相通为主要内容，有利于充分发挥沿线国家比较优势，有利于整合沿线国家产能优势、技术优势、资金优势、资源优势、市场优势，推进各参与国的互利合作，扩大利益汇合点，培育发展新动能，在更大范围、更高水平、更深层次开展区域合作，为世界经济增长提供新动力。

（三）共建“一带一路”是推动全球治理变革的内在要求

2018年8月27日，习近平总书记在推进“一带一路”建设工作5周年座谈会上指出，共建“一带一路”倡议顺应了全球治理体系变革的内在要求，彰显了同舟共济、权责共担的命运共同体意识，为完善全球治理体系变革提供了新思路新方案。[1] 世界经济可持续发展挑战加大，国际贸易与投资增长动能不足，地区热点问题

---

[1]《习近平在推进“一带一路”建设工作5周年座谈会上强调 坚持对话协商共建共享合作共赢交流互鉴 推动共建“一带一路”走深走实造福人民》，《人民日报》2018年8月28日。

此起彼伏，恐怖主义、网络安全等非传统安全威胁持续蔓延，逆全球化政策的溢出效应不断扩散。全球面临的不稳定性不确定性问题更加突出，国际环境复杂多变，彰显出全球治理的重要性和紧迫性。习近平总书记将这种现象概括为“全球治理供给不足”。如何消除这种治理赤字，是全球治理的第一大难题，国际社会期待听到中国声音、看到中国方案。实践表明，共建“一带一路”倡议秉持共商共建共享的全球治理观，坚持要合作而不要对抗，要双赢、多赢、共赢而不要单赢，不断寻求最大公约数、扩大合作面，引导各方形成共识，为完善全球治理体系变革作出的新贡献，对于改善全球经济治理体系、促进全球共同发展繁荣、推动构建人类命运共同体具有十分重要的作用。

第四节

在利益共同体、责任共同体基础上构建人类命运共同体

坚持推动构建人类命运共同体，是习近平新时代中国特色社会主义思想的重要组成部分。推动构建人类命运共同体是实现中国梦的内在要求，是中国特色社会主义的应有之义，鲜明地体现了当代中国共产党人的全球视野，体现了中国将自身发展与世界发展相统一的世界胸怀。大道至简，实干为要。中国是构建人类命运共同体的倡导者，也是积极的实践者，而共建“一带一路”正是推动构建人类命运共同体的重要实践平台。

一、努力打造利益共同体、责任共同体、命运共同体

2016年4月29日，习近平总书记在中共中央政治局第三十一次集体学习时指出，要加强同沿线国家在安全领域的合作，努力打造利益共同体、责任共同体、命运共同体，共同营造良好环境。[1] 这为共建“一带一路”倡议明确了基本内涵和主要目标。共建“一带一路”倡议借用古代丝绸之路的历史符号，以和平发展、合作共赢为时代主题，积极主动地发展与沿线国家的经济合作伙伴关系，共同打造政治互信、经济融合、文化包容的利益共同体、命运共同体和责任共同体。

（一）共建“一带一路”倡议基于利益共享，是推动构建利益共同体的重要途径

2017年5月14日，习近平主席在首届“一带一路”国际合作高峰论坛开幕式上指出，欢迎各国结合自身国情，积极发展开放型经济，参与全球治理和公共产品供给，携手构建广泛的利益共同体。[2]

---

[1]《习近平在中共中央政治局第三十一次集体学习时强调 借鉴历史经验创新合作理念 让“一带一路”建设推动各国共同发展》，《人民日报》2016年5月1日。

[2]《携手推进“一带一路”建设——在“一带一路”国际合作高峰论坛开幕式上的演讲》，《人民日报》2017年5月15日。

作为广受欢迎的国际合作平台和全球公共产品，“一带一路”倡议通过与沿线国家开展基础设施互联互通和国际产能合作，促进了沿线国家发展，为世界经济增长增添了新动能。通过“一带一路”倡议参与各方的平等协商和合作发展，形成“你中有我、我中有你”的利益共同体，有利于实现在共商共建共享基础上促进经济的良性发展，有利于沿线各国将经济互补性转化为发展推动力，有利于在全球化进程中搭建共同发展的利益平台，释放经济全球化正面效应，增添发展新动力，拓展发展新空间，从而为推动构建人类命运共同体奠定强有力的物质基础。

（二）共建“一带一路”基于责任共担，是推动构建责任共同体的重要途径

当前，世界经济增长动能不足，贫富分化日益严重，地区热点问题此起彼伏，各国共同面临恐怖主义、网络安全、重大传染性疾病、气候变化等非传统安全威胁。作为负责任的大国，中国积极履行国际责任、承担国际义务，致力于通过为国际社会提供全球公共产品以应对全球性挑战。习近平总书记明确指出，“一带一路”建设不应仅仅着眼于我国自身发展，而是要以我国发展为契机，让更多国家搭上我国发展快车，帮助他们实现发展目标。我们要在发展自身利益的同时，更多考虑和照顾其他国家利益。[1] 习近平总书记

[1]《习近平在中共中央政治局第三十一次集体学习时强调 借鉴历史经验创新合作理念 让“一带一路”建设推动各国共同发展》，《人民日报》，2016 年 5 月 1 日。

的重要论述充分体现了中国帮助沿线国家发展、致力于解决全球性问题的责任担当。作为惠及各方的重大倡议，共建“一带一路”是中国承担更多国际责任、完善全球治理体系、提供全球公共产品的重要举措。共建“一带一路”倡议将通过连接起不同文明，携手各国共同担负解决国际性难题的责任，为实现人类命运共同体这一宏伟目标贡献力量。

（三）共建“一带一路”基于人类发展，是推动构建命运共同体的重要途径

2013 年 3 月 23 日，习近平主席在莫斯科国际关系学院的演讲中指出，这个世界，各国相互联系、相互依存的程度空前加深，人类生活在同一个地球村里，生活在历史和现实交汇的同一个时空里，越来越成为你中有我、我中有你的命运共同体。[1] 从利益共同体、责任共同体到命运共同体，是水到渠成的理念升华。在推动构建人类命运共同体思想指引下，中国坚持相互尊重、平等协商，摒弃冷战思维和强权政治，坚定走对话而不对抗、结伴而不结盟的国与国交往新路；坚持以对话解决争端、以协商化解分歧，统筹应对传统和非传统安全威胁，反对一切形式的恐怖主义；坚持同舟共济，促进贸易和投资自由化便利化，推动经济全球化朝着更加开放、包容、普惠、平衡、共赢的方向发展；坚持尊重世界文明多样

[1]《顺应时代潮流 促进世界和平发展——在莫斯科国际关系学院的演讲》，《人民日报》2013 年 3 月 24 日。

性，以文明交流超越文明隔阂、文明互鉴超越文明冲突、文明共存超越文明优越；坚持环境友好，合作应对气候变化，保护好人类赖以生存的地球家园。新时代的中国将同世界各国携手合作，推动共建“一带一路”，努力建设持久和平、普遍安全、共同繁荣、开放包容、清洁美丽的世界。

二、构建人类命运共同体是“一带一路”建设的最高目标

2017 年 5 月 15 日，习近平主席在首届“一带一路”国际合作高峰论坛圆桌峰会上指出，在“一带一路”建设国际合作框架内，各方秉持共商、共建、共享原则，携手应对世界经济面临的挑战，开创发展新机遇，谋求发展新动力，拓展发展新空间，实现优势互补、互利共赢，不断朝着人类命运共同体方向迈进。这是我提出这一倡议的初衷，也是希望通过这一倡议实现的最高目标。[1] 习近平总书记关于构建人类命运共同体的重要论述立意高远、思想深邃，为“一带一路”建设提供了最美好的前进目标。

[1]《开辟合作新起点 谋求发展新动力——在“一带一路”国际合作高峰论坛圆桌峰会上的开幕辞》，《人民日报》2017 年 5 月 16 日。

（一）推动构建人类命运共同体内蕴的是五千年中华民族文明史与中华文化天下观的血脉基因

人类命运共同体思想倡导的政治上平等相待、互商互谅，与中华文化讲信修睦、协和万邦思想不谋而合；倡导的安全上守望相助、共建共享与中华文化与邻为善、亲仁善邻思想息息相关；倡导的经济上合作共赢、互惠互利与中华文化贵利尚义、以义制利思想一脉相承；倡导的文化上交流互鉴、兼容并蓄与中华文化的求同存异、和而不同思想殊途同归；倡导生态上的环境友好、绿色低碳理念与中华文化的天人合一、道法自然思想异曲同工。回顾历史，张骞西行、鉴真东渡、郑和远航，这些名垂青史的文明交往佳话，无不体现海纳百川的大同思想，无不折射兼济天下的胸襟气度，无不践行协和万邦的高尚信念。可以说，构建人类命运共同体，内蕴的正是五千年中华民族文明史与中华文化天下观的血脉基因，着眼的正是本国和世界、全局和长远的大势，体现的正是解决人类面临难题的中国智慧，有着深刻的文化背景和深远的历史意义。构建人类命运共同体正成为大势，共创人类更加光明未来正成为大道，共襄构建人类命运共同体伟业正成为大任。

（二）推动构建人类命运共同体是习近平新时代中国特色社会主义思想的重要组成部分

习近平总书记的系列重要论述对构建人类命运共同体思想进行

了深入阐释，提出了构建人类命运共同体的目标、路径、办法，充满了对世界前途命运的深刻思考。从2013年首次提出构建人类命运共同体理念，到搭建“一带一路”国际合作平台，习近平总书记高屋建瓴的擘画与亲力亲为的推动，赢得了越来越多的支持和赞同。“中国人民不仅希望自己过得好，也希望各国人民过得好。”[1]构建人类命运共同体已被多次写入联合国文件，反映了世界各国人民的普遍愿望和共同心声，日益产生广泛而强烈的国际共鸣。构建人类命运共同体理念体现了中国将自身发展同世界发展相统一的全球视野、世界胸怀和大国担当，是习近平新时代中国特色社会主义思想的重要组成部分，是新时代坚持和发展中国特色社会主义的基本方略之一。

（三）推动构建人类命运共同体为创建和维持一个更美好、更和平的世界勾画了蓝图

2017年12月1日，习近平总书记在中国共产党与世界政党高层对话会上指出，每个民族、每个国家的前途命运都紧紧联系在一起，应该风雨同舟，荣辱与共。[2]从联合国决议首次写入构建人类命运共同体理念，到国际社会评价“习近平为创建和维持一个更美好、更和平的世界勾画了蓝图”，人类命运共同体理念更加深入人

[1]《国家主席习近平发表二〇一七年新年贺词》，《人民日报》2017年1月1日。
[2]《携手建设更加美好的世界——在中国共产党与世界政党高层对话会上的主旨讲话》，《人民日报》2017年12月2日。

心。今天，当世界各国人民的前途命运越来越紧密地联系在一起，齐心协力、互利合作才能应对挑战，实现共赢。以天下为己任，构建人类命运共同体、建设更加美好的世界，是我们的时代使命。构建人类命运共同体，非一夕之功能成，亦非一己之力能至，需要付出长期艰苦的努力。“其作始也简，其将毕也必巨”。“一带一路”建设把沿线各国人民紧密联系在一起，致力于合作共赢、共同发展，让各国人民更好共享发展成果，为推动经济全球化朝着更加开放、包容、普惠、平衡、共赢的方向发展注入了强劲动力。只要我们坚定信心、携手共进，共建“一带一路”就一定能更好造福各国人民，构建人类命运共同体的目标就一定能够实现。

三、“一带一路”建设是推动构建人类命运共同体的重要实践平台

2018 年 8 月 27 日，习近平总书记在推进“一带一路”建设工作 5 周年座谈会上指出，以共建“一带一路”为实践平台推动构建人类命运共同体，这是从中国改革开放和长远发展出发提出来的，也符合中华民族历来秉持的天下大同理念，符合中国人怀柔远人、和谐万邦的天下观，占据了国际道义制高点。[1]实践证明，“一带

[1]《习近平在推进“一带一路”建设工作 5 周年座谈会上强调 坚持对话协商共建共享 合作共赢交流互鉴 推动共建“一带一路”走深走实造福人民》，《人民日报》2018 年 8 月 28 日。

一路"建设有力促进了各国政治互信、经济融合、人文交融，已经并将继续成为推动构建人类命运共同体的重要实践平台。

(一)"一带一路"建设，加强了国家间政治互信，为构建人类命运共同体铺垫稳定之基

2017年5月15日，习近平主席在首届"一带一路"国际合作高峰论坛圆桌峰会上指出，大雁之所以能够穿越风雨、行稳致远，关键在于其结伴成行，相互借力。[1]政策沟通，战略对接，求同存异，成为"一带一路"倡议具有的鲜明特征。欧亚经济联盟、东盟互联互通总体规划2025、非盟2063年议程、哈萨克斯坦的"光明之路"新经济政策、土耳其的"中间走廊"倡议、蒙古国的"发展之路"、越南的"两廊一圈"、英国的"英格兰北方经济中心"……各国和各地区发展战略对接起来、政策协调起来，合作大方向明确了、合力形成了，共同的利益越来越多，合作的愿望越来越浓，向人类命运共同体目标迈进的共识越来越强。共建"一带一路"倡议以推动与沿线各国发展规划对接为基础，以贸易和投资自由化便利化为纽带，以互联互通、产能合作、人文交流为支柱，以金融互利合作为重要保障，积极开展多双边和区域合作，是一种新型合作模式，是一条互利共赢之路。

[1]《开辟合作新起点 谋求发展新动力——在"一带一路"国际合作高峰论坛圆桌峰会上的开幕辞》，《人民日报》2017年5月16日。

（二）“一带一路”建设，加强了国家间经济互融，为构建人类命运共同体注入发展之力

2015年3月28日，习近平主席在博鳌亚洲论坛2015年年会上指出，“一带一路”建设不是空洞的口号，而是看得见、摸得着的实际举措，将给地区国家带来实实在在的利益。[1]共建“一带一路”倡议的核心内涵，就是促进基础设施建设和互联互通，加强经济政策协调和发展战略对接，促进协同联动发展，实现共同繁荣。在习近平总书记的亲自谋划、亲自部署、亲自推动下，“一带一路”建设逐渐从理念转化为行动，从愿景转变为现实，成就举世瞩目。“一带一路”倡议之所以应者云集，就是因为它找到了发展这个最大公约数，回应了各国人民的共同期待。“一带一路”建设的深入推进，有助于沿线国家特别是发展中国家释放发展潜力、拓展市场空间，形成新的经济增长点，增强内生增长动力和抗风险能力，增进普通民众福祉。从欧亚地区到拉美、非洲，越来越多的国家将“一带一路”视为机遇之路、发展之路，构建人类命运共同体之路越走越宽广。

---

[1]《迈向命运共同体 开创亚洲新未来——在博鳌亚洲论坛2015年年会上的主旨演讲》，《人民日报》2015年3月29日。

（三）“一带一路”建设，加强了国家间人文互通，为构建人类命运共同体注入人文内涵

国之交在于民相亲，民相亲在于心相通。[1] 2016 年 4 月 29 日，习近平总书记在中共中央政治局第三十一次集体学习时指出，民心相通是“一带一路”建设的重要内容，也是“一带一路”建设的人文基础。[2] 要实现构建人类命运共同体的宏伟目标，必须在世界各国民众中形成一个相互尊重、相互理解、相互欣赏的人文交流格局。在共建“一带一路”倡议的引领和带动下，沿线国家人文交流日趋活跃，各类以丝绸之路为主题的文化年、艺术节、旅游年等人文交流项目百花齐放，频繁往来的文化交流让各国人民的心贴得越来越近，成为增进各国人民友谊的桥梁，促进人类命运共同体意识深入人心，也让“一带一路”建设拥有了更加深厚的土壤。

面对滚滚向前的时代大潮，“一带一路”建设乘势而上、顺势而为，造福人民，造福世界。中国同各国在相遇相知、共同发展之路上携手奋斗，一定能够创造出人类命运共同体的光明未来。

---

[1]《携手推进“一带一路”建设——在“一带一路”国际合作高峰论坛开幕式上的演讲》，《人民日报》2017 年 5 月 15 日。

[2]《习近平在中共中央政治局第三十一次集体学习时强调 借鉴历史经验创新合作理念 让“一带一路”建设推动各国共同发展》，《人民日报》2016 年 5 月 1 日。

第五节

描绘共建“一带一路”高质量发展的“工笔画”

2019年4月26日，习近平主席在第二届“一带一路”国际合作高峰论坛开幕式上指出，面向未来，我们要聚焦重点、深耕细作，共同绘制精谨细腻的“工笔画”，推动共建“一带一路”沿着高质量发展方向不断前进。[1]我们期待同各方一道，完善合作理念，着力高质量共建“一带一路”，把共商共建共享原则落到实处，做到集思广益、尽施所长、惠及各方。本着开放、绿色、廉洁理念，追求高标准、惠民生、可持续目标。把支持联合国2030年可持续

[1]《齐心开创共建“一带一路”美好未来——在第二届“一带一路”国际合作高峰论坛开幕式上的主旨演讲》，《人民日报》2019年4月27日。

发展议程融入共建“一带一路”，对接国际上普遍认可的规则、标准和最佳实践，统筹推进经济增长、社会发展、环境保护，让各国都从中受益，实现共同发展。[1] 习近平总书记关于高质量共建“一带一路”的一系列重要论述，顺应世界大势，符合各方利益，引起广泛共鸣，成为共建“一带一路”国际合作的行动指南，开启了共建“一带一路”高质量发展的全新征程。

一、秉持共商共建共享原则

志合者，不以山海为远。中国秉持共商共建共享的全球治理观，积极倡导合作共赢理念与正确义利观，努力推动全球治理体系朝着更加公正合理的方向发展，这是中国外交智慧的集中体现，也是中国对人类发展与全球治理事业作出的卓越贡献。共商共建共享理念植根于中华五千多年的文明沃土，发轫于当代中国改革开放的伟大实践，契合解决全球发展问题的现实需要，跨越不同意识形态、社会制度和历史传统之间的界限，在全球范围内赢得了广泛共鸣。不管是远亲还是近邻，只要认可这一原则，都可以成为共建“一带一路”的好朋友、好伙伴。

[1]《高质量共建“一带一路”——在第二届“一带一路”国际合作高峰论圆桌峰会上的开幕辞》，《人民日报》2019 年 4 月 28 日。

（一）共商要事是擘画高质量蓝图的有效方式

中国坚定奉行和平共处五项原则，坚决主张推动国际关系民主化，坚持大家的事由大家商量着办，通过加强政策沟通寻求各方利益的最大公约数。各国不分大小、强弱、贫富，都是平等独立的国际关系行为体，都可以坐到一起，共谋发展大计，共绘发展蓝图。星多天空亮，人多智慧广。共建“一带一路”倡议的理论积淀、发展方向和实施方案都是各参与方集思广益、群策群力的成果，也将不断凝聚起勠力同心共建“一带一路”的磅礴“正能量”。共建“一带一路”倡议顺应时代潮流，契合各国发展理念，在对外合作实践中显示出强大适应性与顽强生命力，成为广受欢迎的国际公共产品。实践证明并将继续证明，闪耀着多个文明智慧光芒的共建“一带一路”倡议前景光明、风光无限。

（二）共襄盛举是建设高质量项目的优化路径

众人拾柴火焰高，十指抱拳力千斤。中国的发展奇迹是 14 亿人民共同创造的，世界的发展也同样离不开 70 多亿人民的共同努力。“一带一路”建设是一项宏伟浩大的工程，需要各参与方心往一处想，劲往一处使，以一砖一瓦垒成高楼大厦，以涓涓细流汇成大江瀚海。作为一个经济合作倡议，共建“一带一路”充分尊重经济发展的客观规律，发挥市场配置资源的决定性作用，协调各方力量、整合优势资源，与各国发展战略深度对接，积极开展第三方市场合作，充分调动各方参与项目建设，形成了一大批基础设施重大项目建设和产能合作等高质量、可视性成果，为世界经济社会发展作出了巨大贡献。

（三）共享成果是实现高质量发展的最终归宿

共建“一带一路”倡议主张超越零和博弈、非此即彼等思维方式，倡导践行正确义利观，坚持义利相兼、先义后利，坚持各方共享发展机遇和成果，致力于开创合作共赢的国际合作新模式，建设和谐共存的大家庭。从古至今，中国始终将“各美其美，美人之美”作为高尚的道德追求，将“美美与共，天下大同”作为终极追求。中国积极与世界分享改革开放的红利，推动共建“一带一路”倡议与各国发展经济和改善民生的需求相对接，为沿线国家带来先进的工厂、便捷的交通、廉价的电力、清洁的饮水、大量的就业和投资机会，使各国人民的获得感、幸福感显著提升。中国在促进“一带一路”国际合作过程中，不仅授人以鱼，还授人以渔，通过技术援助与转移、职业技能培训等多种形式，为各国培养经济建设急需的人才，帮助增强自我“造血”能力。中国坚持以公平透明的方式“分蛋糕”，从不谋求“吃独食”，不管是发达国家还是发展中国家，中国都坚持一视同仁、合理分成，让参与方各得其所，全面共享共建成果，实现双赢、多赢、共赢。

二、坚持开放、绿色、廉洁理念

理念指引行动，行动决定未来。2019 年 4 月 26 日，习近平主席在第二届“一带一路”国际合作高峰论坛开幕式上指出，我们要坚持开放、绿色、廉洁理念，不搞封闭排他的小圈子，把绿色作为底色，推动绿色基础设施建设、绿色投资、绿色金融，保护好我们赖以生存的共同家园，坚持一切合作都在阳光下运作，共同以零容忍态度打击腐败。[1] 习近平总书记倡导的开放、绿色、廉洁理念，顺应了全球治理体系变革的内在要求，为完善全球体系变革提供了新思路新方案。近年来，中国坚定不移实施对外开放，坚定不移保护绿水青山，坚定不移推进反腐倡廉，行动果断务实，成效举世瞩目。共建“一带一路”倡议将全球公共利益和人类长远利益置于首位，不搞孤立主义、保护主义，不搞掠夺式发展，呈现鲜明的时代特征和清晰的发展导向。

（一）建设开放包容的丝绸之路与中国对外开放的基本国策高度契合

对外开放是我国的一项基本国策。开放是中国经济腾飞的秘

[1]《齐心开创共建“一带一路”美好未来——在第二届“一带一路”国际合作高峰论坛开幕式上的主旨演讲》，《人民日报》2019 年 4 月 27 日。

诀，是国家繁荣发展的必由之路。“海纳百川，有容乃大”。历史一再证明，开放带来发展，闭塞导致落后。身处全球化时代，习近平总书记以高瞻远瞩的深邃目光审视中国的新时代对外开放，在多个场合多次明确指出，中国对外开放的大门只会越开越大，向世界释放出中国筑巢引凤、更好融入世界的明确信号。共建“一带一路”倡议既不搞封闭排他的小圈子，也不搞基于意识形态标准划界的小团体，更不搞强制摊派责任义务的军事同盟，主张只要各国有意愿，都可以参与到“一带一路”建设中来，都可以搭乘中国发展的“便车”“快车”，都可以享受中国提供的公共产品。这充分体现出中国作为世界大国的博大胸怀和责任担当。

（二）建设绿色环保的丝绸之路与中国绿色发展理念高度契合

绿色是新时代的底色，也是共建“一带一路”的底色。党的十八大以来，习近平总书记多次强调绿水青山就是金山银山。党的十九大报告提出，必须树立和践行绿水青山就是金山银山的理念。中国始终不渝奉行“两山”理论，坚持走高质量发展的路子，以壮士断腕的决心、刮骨疗毒的勇气、大刀阔斧的力度，坚决打赢污染防治攻坚战。中国不仅珍惜自己的绿水青山，也珍视他国的绿水青山，尊重别国追求绿色发展的权利。“一带一路”沿线国家和地区大多数属于发展中国家，生态环境敏感、环境管理基础相对薄弱、环境基础设施建设相对滞后。一些国家生态环境复杂、生态系统脆弱、生态环保问题突出，一些国家面临空气污染、水资源破坏、生物多样性锐减等生态危机，严重制约“一带一路”建设可持续发展。中国弘扬多边主义精神、履行国际责任，积极推动建设绿色利益、绿色责任和绿色命运共同体，倡导建设资源节约、绿色消费、低碳智慧的丝绸之路，不断丰富绿色丝绸之路的内涵；积极推动建立“一带一路”绿色发展国际联盟，构建绿色金融国际平台，加强绿色产能合作，共同打造“一带一路”绿色产业链；积极推动共建“一带一路”倡议与落实联合国2030年可持续发展议程、《巴黎气候协定》等有效对接，同各国一道努力统筹协调好经济、社会发展和生态环境保护三者关系，共建绿色发展之路，共建美丽地球家园。

（三）建设廉洁清正的丝绸之路与全面从严治党战略部署高度契合

2017年5月14日，习近平主席在首届“一带一路”国际合作高峰论坛开幕式上指出，加强国际反腐合作，让“一带一路”成为廉洁之路。[1]古丝绸之路绵亘万里，延续千年，跨越埃及文明、巴比伦文明、印度文明、中华文明的发祥地，崇尚廉洁、鄙弃贪腐，是古老文明的共同价值追求。廉洁是“一带一路”建设的

[1]《携手推进“一带一路”建设——在“一带一路”国际合作高峰论坛开幕式上的演讲》，《人民日报》2017年5月15日。

道德底线和法律红线，也是“一带一路”建设行稳致远的重要基础，塑造一个腐败难行、廉洁易商的营商环境对于“一带一路”建设意义重大。以习近平同志为核心的党中央高度重视正风反腐工作，坚持党要管党，从严治党，将正风反腐之剑越磨越亮。中国不断推动反腐败国际合作向纵深发展，坚持一切国际合作都在阳光下运作，同各方共建风清气正的廉洁丝绸之路。中国坚持多措并举营造良好国内营商环境，多管齐下引导规范走出去企业经营活动，致力于打造良心工程、干净工程、精品工程，树立中国政府和中国企业的良好国际形象。从亚洲太平洋经济合作组织（APEC）到二十国集团，从《联合国反腐败公约》到《二十国集团反腐败追逃追赃高级原则》，从《北京反腐败宣言》到《廉洁丝绸之路北京倡议》，中国积极构建国际反腐合作网络，消弭反腐合作中的各种分歧和制度差异、地缘政治争端，凝聚反腐国际合力，与各国携手在推动建立国际反腐新秩序的道路上迈出坚定步伐，将廉洁的种子播撒到“一带一路”各个角落，得到国际社会的广泛认可。

三、实现高标准、惠民生、可持续目标

高标准、惠民生、可持续，是高质量共建“一带一路”的目标。2019 年 4 月 26 日，习近平主席在第二届“一带一路”国际合作高峰论坛开幕式上指出，要努力实现高标准、惠民生、可持续

目标，引入各方普遍支持的规则标准，推动企业在项目建设、运营、采购、招投标等环节按照普遍接受的国际规则标准进行，同时要尊重各国法律法规。要坚持以人民为中心的发展思想，聚焦消除贫困、增加就业、改善民生，让共建“一带一路”成果更好惠及全体人民，为当地经济社会发展作出实实在在的贡献，同时确保商业和财政上的可持续性，做到善始善终、善作善成。[1] 习近平总书记的重要论述，引领国际规则标准持续深度对接的潮流，契合沿线国家人民渴望共享发展机遇的期望，体现全球范围内普遍谋求可持续发展的取向，是推动高质量共建“一带一路”行稳致远的重要指引。

（一）精准对接高标准是共建“一带一路”高质量发展的内在要求

国际标准是全球治理体系和经贸合作发展的重要技术基础，标准已成为世界“通用语言”，世界需要标准协同发展，标准促进世界互联互通，强调继续加强市场、规则、标准等方面的软联通。标准作为生产的依据、贸易的语言、市场的规则和合作的桥梁纽带，是行业发展的“指南针”和“灯塔”，在共建“一带一路”中发挥了重要作用。“一带一路”高质量发展首先体现在高标准上。当前，

[1]《齐心开创共建“一带一路”美好未来——在第二届“一带一路”国际合作高峰论坛开幕式上的主旨演讲》，《人民日报》2019 年 4 月 27 日。

中国与国际标准接轨还不够，国内标准采用国际标准的比例与发达国家相比还存在差距，参与制定国际标准的意识和能力有待提升，实质性参与国际标准化的能力仍需培育。正因如此，中国注重发挥规则标准在“一带一路”建设中的基础和支撑作用，发布《标准联通共建“一带一路”行动计划》，为基础设施、国际产能与装备制造合作、投资贸易便利化和人文交流等全方位互联互通提供机制保障。积极推进国际标准对接与互认，加强与有关规则和标准体系相互兼容，突破标准壁垒，努力实现更高层次、更高质量的“一带一路”软联通，打造畅通无阻的“规则高速公路”。

（二）始终坚持惠民生是共建“一带一路”高质量发展的根本宗旨

天下顺治在民富，天下和静在民乐。“得民心者得天下”这条铁律，适用于任何时代、任何国家、任何政党。习近平总书记以强烈的人民情怀，始终将不断满足人民日益增长的美好生活需要作为头等大事来抓；以高度的国际主义精神和历史责任感，从构建人类命运共同体的宏伟蓝图出发，与“一带一路”沿线国家携手发展社会经济、改善民生福祉。中国企业无论走到哪里，都始终坚持经济效益与社会效益相统一，积极践行社会责任，分享扩大就业、改善人居、扶贫减贫的宝贵经验，实施了一大批顺民意、纾民困、得民心的民生项目。近年来，在沿线国家和地区，从道路桥梁到学校医院，从培训工坊到工矿企业，从饮水工程到光明行动，“一带一路”

合作项目为东道国人民带来了实实在在的好处，使更多沿线国家拥有了便利的出行、优质的教育、先进的医疗、稳定的就业，逐渐摆脱温饱之虞，拥抱幸福生活。世界银行发布研究报告指出，“一带一路”相关投资可以帮助全球3 400万人摆脱中度贫困，其中2 940万人来自“一带一路”沿线国家和地区。共建“一带一路”，应潮流、得民心、惠民生、利天下，得到越来越多沿线国家和人民的支持和拥护。

（三）着力确保可持续是共建“一带一路”高质量发展的核心要义

2019年6月7日，习近平主席在第二十三届圣彼得堡国际经济论坛全会上指出，可持续发展是社会生产力发展和科技进步的必然产物，契合世界上绝大多数国家的共同诉求。[1]绵绵用力，久久为功，方能成其大。高质量共建“一带一路”是百年工程、千年大计，是一幅需要精雕细琢的“工笔画”，绝非一朝一夕之功，不可能一蹴而就，必须统筹推进经济增长、社会发展、环境保护，确保“一带一路”建设在商业和财务上的可持续性，做到善始善终、善作善成，避免出现“半拉子工程”。确保“一带一路”建设可持续的前提是互惠互利。互惠互利不同于过去的殖民主义，更不同于

[1]《坚持可持续发展 共创繁荣美好世界——在第二十三届圣彼得堡国际经济论坛全会上的致辞》，《人民日报》2019年6月8日。

“送红包”，而是以共商共建共享为“黄金法则”，使参与各方都从合作中受益。为确保共建“一带一路”商业和财务上的可持续，中国坚持集思广益、群策群力，鼓励多边开发机构与沿线国家开展联合融资，支持第三方市场合作，发挥公共资金带动作用，动员长期资本及私人部门资本参与建设；坚持急人所急、雪中送炭，向财政困难及身处困境的国家伸出援手，提供优惠贷款，适时减免债务，保证项目资金来源和收益的稳定性；重视“一带一路”低收入国家实际国情和发展需求，发布《“一带一路”债务可持续性分析框架》，向沿线国家提供债务可持续性分析工具，帮助“一带一路”参与各方提高投融资决策科学性和债务管理能力。

第三章

推进“一带一路”建设
取得重要进展和明显成效

在习近平总书记亲自部署、亲自指挥、亲自推动下，在世界各国和各有关方面共同努力下，“一带一路”建设各合作领域成果丰硕，进展与成效超出预期。共建“一带一路”为世界经济增长开辟了新空间，为国际贸易和投资搭建了新平台，为完善全球经济治理拓展了新实践，为增进各国民生福祉作出了新贡献，成为共同的机遇之路、繁荣之路。事实证明，共建“一带一路”不仅为世界各国发展提供了新机遇，也为中国开放发展开辟了新天地。

第一节

政策沟通 从中国倡议到全球共识

政策沟通是共建“一带一路”的重要保障，是形成携手共建行动的重要先导。2013年以来，习近平总书记亲自推动，在每次出访中大力宣介共建“一带一路”。习近平总书记走到哪里，“一带一路”的东风就吹向哪里，务实合作的果实就收获在哪里。中国始终弘扬和平合作、开放包容、互学互鉴、互利共赢的丝绸之路精神，秉持共商共建共享原则，与国际社会充分沟通协调，形成了共建“一带一路”的广泛共识。

一、国际共识广泛凝聚

七年来，共建“一带一路”倡议从顶层设计到项目落实，在建设中前进、在发展中完善、在合作中成长，从梦想走进现实。以和平合作、开放包容、互学互鉴、互利共赢为核心的丝绸之路精神是人类文明的宝贵遗产，在此基础上提出的共建“一带一路”的各项主张，赢得了国际社会有识之士的广泛认同，凝聚起广泛的国际共识。

截至2020年6月，共建“一带一路”倡议及其核心理念已先后写入联合国、二十国集团（G20）、亚太经合组织、上海合作组织、亚欧会议以及其他区域组织和多边平台的有关文件中。2015年7月，上海合作组织发表《上海合作组织成员国元首乌法宣言》，支持关于建设“丝绸之路经济带”的倡议。2016年9月，《二十国集团领导人杭州峰会公报》通过建立“全球基础设施互联互通联盟”倡议，同意建设可持续的、富有韧性的、安全的、高质量的基础设施，以促进经济发展，造福人类。2016年11月，联合国193个会员国协商一致通过决议，欢迎共建“一带一路”等经济合作倡议，呼吁国际社会为“一带一路”建设提供安全保障环境。这是联合国大会首次在决议中写入“一带一路”倡议。2017年3月，联合国安理会一致通过了第2344号决议，呼吁国际社会通过“一带一路”建设加强区域经济合作，并首次将“人类命运共同体”理念写入了决议。2017年5月，联合国亚洲及太平洋经济社会委员会（以下简称联合国亚太经社会）第七十三届年会通过了中国代表团提出的“加强全面互联互通促进亚太可持续发展”决议，明确以共商共建共享的方式推进区域互联互通，促进政策沟通以及在基础设施、贸易、资金、人文交流等领域合作，要求联合国亚太经社会秘书处继续为落实共建“一带一路”倡议提供支持。2019 年 4 月，世界银行发布“一带一路”倡议系列研究报告，对“一带一路”倡议在推动基础设施联通、促进贸易和投资方面的作用给予高度评价。同年 11 月，联合国贸发会议发布《2019 年海运报告》，积极评价“一带一路”倡议对全球贸易的推动作用。

许多国家领导人、国际组织高级别官员高度评价共建“一带一路”倡议。俄罗斯总统普京表示，习近平主席倡议实施的共建“一带一路”宏伟计划，是为了加强欧亚国家的建设性合作关系。中国的“一带一路”倡议与俄罗斯构建大欧亚伙伴关系想法一致，旨在“整合一体化框架”，推动当前欧亚大陆正在进行的各种双边和多边一体化进程更加紧密地结合起来。哈萨克斯坦首任总统纳扎尔巴耶夫、马来西亚前总理马哈蒂尔、巴基斯坦总理伊姆兰·汗、肯尼亚总统肯雅塔等国领导人对共建“一带一路”在促进互联互通和地区经济的繁荣发展中发挥的重要作用给予高度肯定。联合国秘书长古特雷斯表示，“中国提出‘一带一路’倡议，为促进国际合作搭建了重要平台、提供了新思路，并发挥了核心引领作用”，“联合国将充分支持‘一带一路’倡议同可持续发展目标形成合力、共享经验。我们将最大限度地用好‘一带一路’倡议这一大型合作框架，实现可持续发展红利最大化”。

二、“朋友圈”稳步扩大

在共建“一带一路”框架下，各参与国和国际组织本着求同存异原则，就经济发展规划和政策进行充分交流，协商制订经济合作规划和措施，共建“一带一路”的“朋友圈”持续稳步扩大。

截至2020年6月，中国已与138个国家和30个国际组织签署了200份共建“一带一路”合作文件，共建“一带一路”的伙伴已遍及亚洲、欧洲、非洲、美洲、大洋洲五大洲以及联合国等重要国际组织。其中，2019年签署了29份合作文件，意大利成为首个与中国签署共建“一带一路”合作谅解备忘录的七国集团（G7）成员。

» 专栏 3-1

共建“一带一路”部分合作文件签署情况

马来西亚：第一个与中国签署共建“一带一路”合作文件的亚洲国家（2014年5月）

摩尔多瓦：第一个与中国签署共建“一带一路”合作

文件的欧洲国家（2014 年 12 月）

南非：第一个与中国签署共建“一带一路”合作文件的非洲国家（2015 年 12 月）

新西兰：第一个与中国签署共建“一带一路”合作文件的大洋洲国家（2017 年 3 月）

巴拿马：第一个与中国签署共建“一带一路”合作文件的美洲国家（2017 年 11 月）

意大利：第一个与中国签署共建“一带一路”合作文件的七国集团国家（2019 年 3 月）

联合国亚太经社会：第一个与中国签署共建“一带一路”合作文件的国际组织（2016 年 4 月）

2016 年 4 月，中国与联合国亚太经社会签署了共建“一带一路”谅解备忘录，这是中国与国际组织签署的首份共建“一带一路”合作文件，拉开了与国际组织携手共建“一带一路”的序幕。截至 2020 年 6 月，中国已与联合国工业发展组织、联合国贸易和发展会议、联合国儿童基金会、联合国人口基金、世界卫生组织、世界知识产权组织、国际刑警组织、国际贸易中心等一批主要国际组织签署了共建“一带一路”合作文件（见表 3-1）。

表 3–1　中国与部分国际组织签署共建“一带一路”合作文件情况

领域	签署文件
政策沟通	2016 年 4 月，中国与联合国亚太经社会签署“一带一路”合作意向书
	2016 年 9 月 20 日，中国国家发展改革委与联合国开发计划署签署《中华人民共和国政府与联合国开发计划署关于共同推进丝绸之路经济带和 21 世纪海上丝绸之路建设的谅解备忘录》
	2016 年 12 月，中国环境保护部和联合国环境规划署签署《关于建设绿色“一带一路”的谅解备忘录》
	2017 年 5 月 14 日，中国民用航空局与国际民用航空组织签署合作意向书
	2017 年 5 月 15 日，中国环境保护部与联合国环境规划署共同发布建立“一带一路”绿色发展国际联盟的倡议
	2017 年 5 月 17 日，中国国务院发展研究中心与联合国工业发展组织签署关于共建“一带一路”等合作的谅解备忘录
	2018 年 5 月 29 日，新华社与联合国南南合作办公室签署合作谅解备忘录
	2019 年 4 月 26 日，中国外交部与联合国亚太经社会签署《中华人民共和国外交部和联合国亚洲及太平洋经济社会委员会关于推进“一带一路”倡议和 2030 年可持续发展议程的谅解备忘录》
	2019 年 4 月 27 日，中国应急管理部与国际劳工组织签署关于在“一带一路”框架下开展安全生产领域南南合作的谅解备忘录
设施联通	2018 年 6 月，中国国家航天局与联合国外空司签署关于“一带一路”空间信息走廊合作意向的宣言
	2019 年 4 月 24 日，中国进出口银行与国际电信联盟签署关于加强“一带一路”倡议项下数字领域合作以促进联合国 2030 可持续发展议程的谅解备忘录
	2019 年 4 月 25 日，中国国家发展改革委和联合国开发计划署、联合国工业发展组织、联合国亚太经社会共同发起《“一带一路”绿色照明行动倡议》

续表

领域	签署文件
设施联通	2019 年 4 月 25 日，中国国家发展改革委与联合国工业发展组织、联合国亚太经社会、能源基金会共同发起《“一带一路”绿色高效制冷行动倡议》
	2019 年 4 月 26 日，中国水利部、国家标准化管理委员会与联合国工业发展组织签署关于协同合作推进小水电国际标准的合作谅解备忘录
	2019 年 4 月，中国商务部与联合国开发计划署签署在埃塞俄比亚、斯里兰卡的可再生能源三方合作项目协议
贸易畅通	2017 年 5 月 14 日，中国与联合国儿童基金会、联合国人口基金、联合国贸易和发展会议分别签署关于在“一带一路”倡议下加强合作的谅解备忘录
	2018 年 11 月 6 日，中国人力资源社会保障部与国际劳工组织签署《2019—2020 年中国人力资源社会保障部与国际劳工组织促进南南合作为重点的发展合作伙伴协议》
	2019 年 3 月 29 日，中国商务部与联合国南南合作办公室签署《关于加深中国南南发展中心项目合作意向协议》
	2019 年 4 月 27 日，中国交通运输部与国际劳工组织签署《关于通过“21 世纪海上丝绸之路”倡议推动〈2006 年海事劳工公约〉有效实施的合作谅解备忘录》
资金融通	2017 年 5 月 14 日，中国国家发展改革委与联合国欧洲经济委员会就“一带一路”PPP 合作签署《谅解备忘录》
	2017 年 5 月 14 日，中国财政部与世界银行集团等多边开发机构签署关于加强在“一带一路”倡议下相关领域合作的谅解备忘录
	2017 年 5 月 15 日，中国进出口银行与联合国工业发展组织签署关于促进“一带一路”沿线国家可持续工业发展有关合作的联合声明
民心相通	2017 年 1 月，中国与世界卫生组织签署《中华人民共和国政府和世界卫生组织关于“一带一路”卫生领域合作的谅解备忘录》
	2017 年 5 月，中国与联合国教科文组织签署《中国—联合国教科文组织合作谅解备忘录（2017—2020 年）》
	2017 年 5 月 14 日，中国与联合国人居署签署合作谅解备忘录

续表

领域	签署文件
民心相通	2017 年 5 月以来，中国与世界粮食计划署、联合国国际移民组织、联合国儿童基金会、联合国难民署、世界卫生组织、红十字国际委员会、联合国开发计划署、联合国工业发展组织、世界贸易组织、国际民航组织、联合国人口基金会、联合国贸易和发展会议、国际贸易中心、联合国教科文组织等签署援助协议
	2018 年 4 月 28 日，中国国家发展改革委和联合国儿童基金会共同发起“一带一路”沿线国家“关爱儿童、共享发展，促进可持续发展目标实现”合作倡议
	2018 年 5 月 22 日，中国联合国教科文组织全国委员会与联合国教科文组织发布《长沙倡议》
	2019 年 4 月，中国国家发展改革委（城市和小城镇中心）与联合国人居署、世界卫生组织、世界城市和地方政府组织亚太区、欧洲城市联盟、能源基金会等机构签署共建“一带一路”可持续城市联盟合作意向书

截至 2020 年 6 月，中国已与埃塞俄比亚、巴布亚新几内亚、吉布提、蒙古、莫桑比克、塞尔维亚、瓦努阿图等近 20 个国家签署了共建“一带一路”合作规划。此外，中老（挝）、中缅（甸）分别签署了中老经济走廊、中缅经济走廊合作文件；与印度尼西亚签署关于区域综合经济走廊建设的合作规划；与拉美国家、阿拉伯国家、非洲国家分别发表了中拉《关于“一带一路”倡议的特别声明》《中国和阿拉伯国家合作共建“一带一路”行动宣言》《关于构建更加紧密的中非命运共同体的北京宣言》；与东盟发表《关于“一带一路”倡议同〈东盟互联互通总体规划 2025〉对接合作的联合声明》。积极推进机制与平台对接，成立“一带一路”中捷（克）合作中心、中匈（牙利）合作中心，促进各国执行机构有效

对接，建立顺畅的交流、沟通、磋商渠道和机制，研究推进双方务实合作。

三、多层次对话交流平台加快构建

近年来，中国全面加强与沿线各国的政府、政党、议会、高校等官方和民间机构合作，搭建多层次沟通交流平台，构建了长效合作机制。

（一）“一带一路”国际合作高峰论坛成为主要共商平台

2017 年 5 月，首届“一带一路”国际合作高峰论坛在北京成功举办，29 个国家的元首和政府首脑出席论坛，140 多个国家和 80 多个国际组织的 1 600 多名代表参会。习近平主席在论坛开幕式、圆桌峰会以及记者会等活动上共发表 11 次重要讲话。论坛发布了《“一带一路”国际合作高峰论坛圆桌峰会联合公报》，强调各国将秉持和平合作、开放包容、互学互鉴、互利共赢、平等透明、相互尊重的精神，重点推动政策沟通、设施联通、贸易畅通、资金融通、民心相通，强调根据各国法律法规和相关国际义务，采取切实行动，携手推进“一带一路”建设和加强互联互通倡议对接的努力，为国际合作提供了新机遇、注入了新动力，有助于推动实现开放、包容和普惠的全球化。论坛形成了 5 大类、76 大项、279 项具体成果，已全部得到落实。

2019 年 4 月，第二届“一带一路”国际合作高峰论坛继续在北京举办，与第一届相比，规模更大、内容更丰富，38 个国家的元首和政府首脑及联合国秘书长、国际货币基金组织总裁等 40 位领导人出席，超过 150 个国家、92 个国际组织的 6 000 余名外宾参会。习近平主席出席高峰论坛开幕式并发表主旨演讲，全程主持了领导人圆桌峰会，同与会各国领导人举行了双边会见。论坛形成了 283 项含金量高、操作性强的务实成果。企业家大会签署项目合作协议 125 份，涉及金额 640 多亿美元。在习近平主席的亲自主持和引领下，与会各方就共建“一带一路”深入交换意见，普遍认为“一带一路”是机遇之路，就高质量共建“一带一路”达成广泛共识，取得丰硕成果。

（二）多边合作机制成为共建“一带一路”的重要实践平台

充分利用二十国集团、亚太经合组织、上海合作组织、亚欧会议、亚洲合作对话、中国—东盟合作机制（“10+1”）、澜湄合作机制、大湄公河次区域经济合作、大图们倡议、中亚区域经济合作、中非合作论坛、中阿合作论坛、中拉论坛、中国—中东欧国家合作机制（“17+1”）、中国—太平洋岛国经济发展合作论坛、世界经济论坛、博鳌亚洲论坛等现有多边合作机制，在相互尊重、相互信任的基础上，积极同各国开展共建“一带一路”对接与合作。2015 年，上海合作组织成员国政府首脑（总理）理事会第十四次会议上发表《上海合作组织成员国政府首脑（总理）理事会第十四会议联合公报》指出，上海合作组织成员国与观察员国和对话伙伴在实施丝绸之路经济带倡议等框架下通力协作，将促进经济持续发展，维护地区和平稳定。2016年，《二十国集团领导人杭州峰会公报》宣布核准同年启动“全球基础设施互联互通联盟倡议”，以加强基础设施互联互通项目的整体协调与合作。2018年9月，在中非合作论坛北京峰会上，中国同28个国家和非盟委员会签署了共建“一带一路”合作文件，掀起了又一波支持参与“一带一路”建设的热潮，扩展了“一带一路”“朋友圈”。

（三）“二轨”对话机制成为共建“一带一路”的有效交往渠道

与沿线国家通过政党、议会、智库、地方、民间、工商界、高校、媒体等“二轨”交往渠道，围绕共建“一带一路”开展形式多样的对话交流合作。组织召开了中国共产党与世界政党高层对话会，就共建“一带一路”相关议题深入交换意见。中国与相关国家先后组建了“一带一路”智库合作联盟、丝路国际智库网络、高校智库联盟等。英国、日本、韩国、新加坡、哈萨克斯坦等国都建立了“一带一路”专门研究机构，举办了形式多样的论坛和研讨会。中外高校合作设立了“一带一路”研究中心、合作发展学院、联合培训中心等，为共建“一带一路”培养国际化人才。中外媒体加强交流合作，通过举办媒体论坛、合作拍片、联合采访等形式，提高了共建“一带一路”国际传播能力，让国际社会及时了解共建“一带一路”的相关信息。

（四）各方面参与合作成为共建“一带一路”的多元交流平台

中国政府支持国内各部门、各地区、各单位对外开放，不断拓展对外沟通渠道，积极投身共建“一带一路”。在各部门积极协作推进“一带一路”建设的同时，各地政府、企事业单位积极响应共建“一带一路”倡议，扎实推进对外合作交流，不断创新思路，取得了丰硕成果。一大批国有企业参与“一带一路”基础设施建设，推动中国产能、技术和装备走出去。一大批民营企业认同共建“一带一路”倡议提供的新机遇，积极为全球共同繁荣发展贡献自己的力量。一大批跨国公司广泛参与共建“一带一路”合作，已与中国政府、部门、合作伙伴等签署合作协议，将合作视为分享最佳实践、实现优势互补的重要途径。此外，2017 年 5 月，习近平主席在首届“一带一路”国际合作高峰论坛上宣布中国成立一带一路建设促进中心，作为推进“一带一路”建设的专门机构。该中心已经正式成立，在国家发展改革委领导下，积极投身“一带一路”建设事业。

四、规则标准对接有序推进

规则标准对接是全方位互联互通的重要组成部分，是深化互信合作的重要保障。中国发布了《标准联通共建“一带一路”行动计划（2018—2020年）》，与49个国家和地区签署了85份标准化合作协议，搭建起“一带一路”沿线国家标准信息平台，实现了35个沿线国家、5个国际和区域标准化组织的标准信息检索。在交通方面，全面实施《国际道路运输公约》（《TIR公约》），与尼泊尔、老挝、白俄罗斯、格鲁吉亚签署政府间国际道路运输合作文件，与欧亚经济联盟成员国签署关于货物和国际运输工具信息交换的协定。开展铁路联运“一单制”金融结算融资规则试点，提升中欧班列运行质量和效率。与俄罗斯标准机构签署232项中俄民用飞机互认标准。在农业方面，与柬埔寨等9个国家就共同发布《关于促进“一带一路”建设共同推动建立农药产品质量标准的合作意向声明》达成共识。在法治方面，发起廉洁丝绸之路倡议，完善反腐败法治体系和机制建设；组织举办“一带一路”法治合作国际论坛，发布《“一带一路”法治合作国际论坛共同主席声明》《关于进一步推进“一带一路”国家知识产权务实合作的联合声明》等合作文件。此外，还积极推动了贸易、能源、生态、减贫、海洋、数字经济等领域的对接合作。

第二节

设施联通 陆海空网变通途

设施联通是共建“一带一路”的优先方向。在尊重相关国家主权和安全关切的基础上，经过近七年的努力，以六大国际经济合作走廊（“六廊”）和以铁路、公路、航运、航空、管道、空间综合信息网络等“六路”为核心的全方位、多层次、复合型基础设施网络正在加快形成，区域间商品、资金、信息、技术等交易成本大大降低，有效促进跨区域资源要素的有序流动和优化配置，实现了互利合作、共赢发展。

一、“六廊”通道建设进展顺利

新亚欧大陆桥、中蒙俄、中国—中亚—西亚、中国—中南半岛、中巴和孟中印缅六大国际经济合作走廊将亚洲经济圈与欧洲经济圈紧密联系在一起，为建立和加强各国互联互通伙伴关系，构建高效畅通的亚欧大市场发挥了重要作用。

新亚欧大陆桥经济走廊。七年来，新亚欧大陆桥经济走廊区域合作日益深入，将开放包容、互利共赢的伙伴关系提升到新的水平，有力推动了亚欧两大洲经济贸易交流。《中国—中东欧国家合作布达佩斯纲要》和《中国—中东欧国家合作索菲亚纲要》对外发布，中欧互联互通平台和欧洲投资计划框架下的务实合作有序推进。

中蒙俄经济走廊。中蒙俄三国积极推动形成以铁路、公路和边境口岸为主体的跨境基础设施联通网络。2018 年，三国签署《关于建立中蒙俄经济走廊联合推进机制的谅解备忘录》，进一步完善了三方合作工作机制。中俄同江—下列宁斯阔耶界河铁路桥中方侧工程已于 2018 年 10 月完工。黑河—布拉戈维申斯克界河公路桥顺利合龙。三国签署并核准的《关于沿亚洲公路网国际道路运输政府间协定》正式生效。中蒙俄（二连浩特）跨境陆缆系统已建成。

中国—中亚—西亚经济走廊。七年来，该走廊在能源合作、设施互联互通、经贸与产能合作等领域合作不断加深。中国与哈萨克斯坦、乌兹别克斯坦、土耳其等国的双边国际道路运输协定，以及中巴哈吉、中哈俄、中吉乌等多边国际道路运输协议或协定相继签署，中亚、西亚地区基础设施建设不断完善。中国—沙特投资合作论坛围绕共建“一带一路”倡议与沙特阿拉伯“2030 愿景”进行产业对接。

中国—中南半岛经济走廊。七年来，该走廊在基础设施互联互通、跨境经济合作区建设等方面取得积极进展。昆（明）曼（谷）公路全线贯通，中老铁路、中泰铁路等项目稳步推进。中老经济走廊合作建设有序推动，泰国“东部经济走廊”与“一带一路”倡议加快对接，中国与柬老缅越泰（CLMVT）经济合作稳步推进。中国—东盟合作机制、澜湄合作机制、大湄公河次区域经济合作（GMS）积极作用愈发明显。

中巴经济走廊。以能源、交通基础设施、产业园区合作、瓜达尔港为重点的合作布局业已明确。中国与巴基斯坦组建了中巴经济走廊联合合作委员会，建立了定期会晤机制。走廊建设框架下，瓜达尔港建设顺利推进；萨希瓦尔燃煤电站、卡西姆港燃煤电站、萨察尔风电站等能源项目顺利投产；白沙瓦至卡拉奇高速公路（苏库尔至木尔坦段）竣工并通车，拉合尔橙线轨道交通项目完工并签署运维合同，喀喇昆仑公路二期（赫维利扬—塔科特段）正式全线通车；拉沙卡伊特别经济区等重点项目稳步推进；社会民生合作全面推进；农业、科技等领域合作有序开展。中巴经济走廊正在开启第三方合作，更多国家已经或有意愿参与其中。

孟中印缅经济走廊。七年来，孟中印缅四方在联合工作组框架下共同推进走廊建设，在机制和制度建设、基础设施互联互通、贸易和产业园区合作、国际金融开放合作、人文交流与民生合作等方面研究规划了一批重点项目。中缅两国共同成立了中缅经济走廊联合委员会，签署了关于共建中缅经济走廊的谅解备忘录、木姐—曼德勒铁路项目可行性研究文件和皎漂经济特区深水港项目建设框架协议。

二、陆路联通扎实推进

“道路兴，百业兴”。基础设施投入不足是发展中国家经济发展的瓶颈，加快设施联通建设是共建“一带一路”的关键领域和核心内容。

（一）铁路合作

以中老铁路、中泰铁路、匈塞铁路、雅万高铁等合作项目为重点的区际、洲际铁路网络建设取得重大进展。泛亚铁路东线、巴基斯坦 1 号铁路干线升级改造、中吉乌铁路等项目正在积极推进前期研究，中国—尼泊尔跨境铁路已完成预可行性研究。

» 专栏 3-2

铁路合作

中老铁路是首个以中方为主投资建设、共同运营并与中国铁路网直接连通的境外铁路项目，于 2016 年 12 月全线开工，2020 年 4 月，全线施工难度最大、技术最复杂的琅勃拉邦湄公河特大桥架设任务顺利完成（见图 3–1）。

中泰铁路一期工程（曼谷—呵叻）于 2017 年 12 月开工，线上工程合同谈判取得阶段性进展。

匈塞铁路建设进展顺利，塞尔维亚境内贝旧段（贝尔格莱德至旧帕佐瓦段）于 2018 年 6 月正式开工（见图 3–2），预计 2020 年底建成通车，2021 年 3 月正式投入运营；2020 年 5 月，匈牙利国民议会通过铁路升级改造工程法案，匈牙利段正式进入实施阶段；全线预计 2025 年 3 月开通运行，届时贝尔格莱德至布达佩斯火车车程将由目前的 8 小时缩短至 3 小时内，大大“拉近”塞尔维亚与欧洲腹地的距离。

印度尼西亚雅万高铁已进入常态化全面施工建设阶段，首条隧道已于 2019 年 5 月贯通，建成后，印度尼西亚将成为东南亚第一个拥有高铁的国家（见图 3–3）。

同江中俄铁路大桥全长 7 193.71 米，其中跨江大桥主桥全长 2 215.02 米，是中俄首座跨江铁路大桥，2019 年 3 月顺利合龙，将中国东北铁路网与俄罗斯远东铁路干线相连，构建起一条全新的连俄通欧国际联运黄金通道（见图 3–4）。

肯尼亚蒙内铁路主线全长 472 公里，连接首都内罗毕和东非第一大港蒙巴萨，是肯尼亚独立以来建设的首条铁路，于 2017 年 5 月开始运营。蒙内铁路延长线内罗毕—纳瓦沙于 2019 年 10 月开通。

图 3-1 中老铁路琅勃拉邦湄公河特大桥

图 3-2 匈塞铁路塞尔维亚旧帕佐瓦施工现场

图 3–3　雅万高铁 3 号隧道贯通

图 3–4　同江中俄铁路大桥

» 案例 3–1

肯尼亚蒙内铁路

肯尼亚蒙内铁路连接首都内罗毕和东非第一大港蒙巴萨，主线全长472公里，穿越肯尼亚东部地区八郡，途经察沃国家公园，是肯尼亚独立以来建设的首条铁路（见图3–5）。根据远期规划，该铁路将连接乌干达、卢旺达、布隆迪、南苏丹等东非国家，成为东非“铁路大动脉”。

蒙内铁路为内燃牵引单线铁路，采用中国标准、中国技术、中国装备建造，设计时速客运120公里/小时，货运80公里/小时。《美国工程新闻纪录》2018年度全球最佳及优秀工程项目评选中，蒙内铁路获评优秀铁路项目。项目施工高度注重野生动物保护，铁路全线设置14处大型野生动物通道，桥梁61处，涵洞600处，让长颈鹿穿过可以不低头、不弯腰，保障动物自由迁徙，营造人与自然和谐相处的美好景象。

蒙内铁路于2017年5月31日开通客运，2018年1月开通货运。2019年客货运量快速增长，客运平均上座率达95%，货运列车日均开行16列，全年运送货物600多万吨，同比增长70%。截至2020年5月底，蒙内铁路已累计运送旅客432万人次，运送货物超过83万个标箱，安全运行超过1 000个日夜，有效降低运输成本，促进旅游业发展，拉动东非区域经济增长。肯尼亚总统肯雅塔表示，蒙内铁路将“大大促进铁路沿线城市发展，在东非地区开辟新的市场。”肯尼亚驻华大使塞雷姆女士表示，肯尼亚是共建“一带一路”的受益参与方。蒙内铁路是肯尼亚人民期盼已久的铁路，它不仅是一条铁路，更是中肯民间交往的重要平台。

图3–5　蒙内铁路

（二）公路合作

中蒙俄、中吉乌、中俄（大连—新西伯利亚）、中越国际道路直达运输试运行活动先后成功举办。2018 年 2 月，中吉乌国际道路运输实现常态化运行。中越北仑河公路二桥建成通车。中国与 15 个沿线国家签署了包括《上海合作组织成员国政府间国际道路运输便利化协定》在内的 18 个双多边国际运输便利化协定。《大湄公河次区域便利货物及人员跨境运输协定》实施取得积极进展。

» 专栏 3-3

公路合作

中吉乌公路东起新疆喀什，穿过吉尔吉斯斯坦南部奥什市，最终到达乌兹别克斯坦首都塔什干，全长约 950 公里，于 2018 年 2 月实现常态化运行，有力促进三国经贸领域发展，帮助企业降低物流成本，提高运输效率。

中国西部—西欧国际公路（“双西公路”）东起连云港，西至俄罗斯圣彼得堡，于 2018 年 9 月全线贯通，连云港至欧洲所需时间由此前海运的 45 天缩短至 10 天。

中越北仑河公路二桥位于东兴市与越南广宁省芒街市交界的北仑河上，桥梁全长549米，其中中方桥长394.5米，越方桥长154.5米，全线按一级公路标准建设，设计时速为60公里/小时，于2019年3月正式通车。

中俄黑河—布拉戈维申斯克界河公路大桥全长19.9公里，桥梁长1 284米，为双车道矮塔斜拉桥，标准为二级公路。项目在中方境内长6.5公里，俄方境内长13.4公里，于2019年5月合龙，2019年11月主体交工（见图3–6）。

白沙瓦—卡拉奇高速公路苏库尔至木尔坦段（“苏木段”高速公路）于2019年11月正式通车，是中巴经济走廊已建成的最大单体交通基础设施项目，打通了巴基斯坦南北运输大动脉（见图3–7）。

喀喇昆仑公路二期（赫维利扬—塔科特段）克服新冠肺炎疫情造成的人员短缺、设备供应不足等不利影响，于2020年7月正式通车（见图3–8）。

卡纳普里河河底隧道建设顺利推进，2020年4月左线隧道和东岸桥梁工程均完成过半，这是孟加拉国第一条水下隧道，也是中国企业在海外建设的第一条水下隧道。

图 3–6　中俄黑河—布拉戈维申斯克界河公路大桥合龙

图 3–7　白沙瓦—卡拉奇高速公路项目中段苏库尔至木尔坦段

图 3–8　巴基斯坦喀喇昆仑公路二期工程赫维利扬至塔科特高速公路段

» 案例 3–2

孟加拉国帕德玛（公铁）大桥

“一桥飞架南北，天堑变通途”。帕德玛（公铁）大桥跨越帕德玛河（恒河下游），连接首都达卡和西南两省 21 个区，总长 7.7 公里，采用双层钢桁梁结构，上层为四车道公路，下层是单线铁路，并预留了承载天然气及光缆等设备的管道线路，建成后将成为共建“一带一路”的重要交通支点、泛亚铁路的重要通道之一（见图 3-9）。

帕德玛大桥是中企在海外承建的最大单体桥梁项目，采用中国标准、中国技术，攻克了 13 项世界级原创建桥新技术，申报了 29 项国家发明专利，创造了"烂泥坑"上建桥的奇迹。大桥建成后将结束帕德玛河两岸居民千百年摆渡往来的历史，推动孟加拉国西南部旅游、水产等资源的开发利用，带动国内生产总值增长 1.5%，受益人口超过 8 000 万人，是孟加拉国人民的"梦想之桥"。

图 3-9 建设中的帕德玛大桥

（三）中欧班列合作良好

中欧班列随着中欧投资贸易的不断扩大而产生，随着“一带一路”建设的不断推进而壮大，已成为共建“一带一路”的旗舰项目和明星品牌。自开行以来，中欧班列发展势头迅猛，辐射范围快速扩大，货物品类逐步拓展，开行质量显著提高，品牌知名度和国际影响力不断提升，成为连接亚欧大陆的合作纽带，被誉为“一带一路”上的“钢铁驼队”。

发展速度迅猛，大步迈向高质量开行。2019 年，中欧班列共开行 8 225 列，同比增长 29%，其中去程 4 525 列，同比增长 22%，回程 3 700 列，同比增长 39%；发送货物 72.5 万标箱，同比增长 34%；综合重箱率、去程重箱率、回程重箱率分别为 94.3%、99.3%、88.3%。中欧班列已通达欧洲 21 个国家 74 个城市，物流配送网络覆盖欧洲全境（见图 3-10~ 图 3-13）。截至 2020 年 6 月，累计开行超过 2.6 万列，其中，去程约 1.6 万列，回程约 1 万列，累计运送货物超过 230 万标箱。运送货物结构进一步丰富，运输货物品类从手机、电脑等 IT 产品，扩展到服装、机电、粮食、酒类、木材等，整车进出口成为新的增长点。

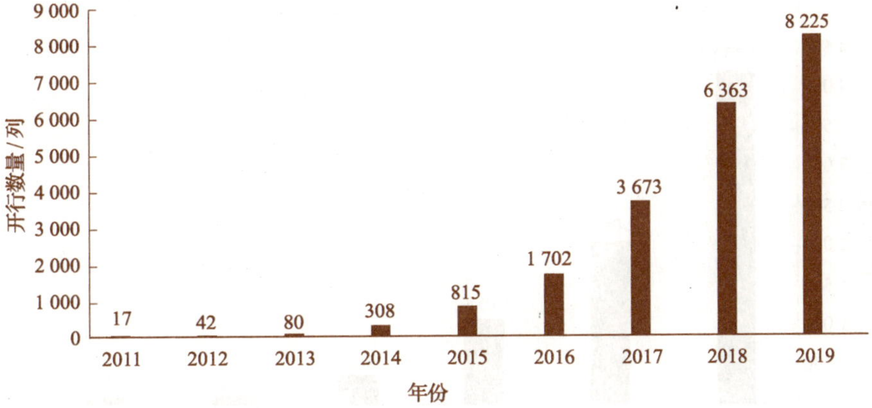

图 3-10 2011—2019 年中欧班列开行数量

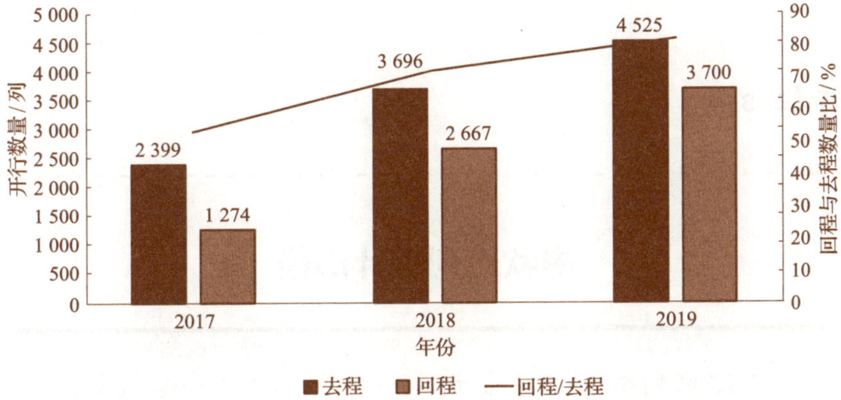

图 3-11 2017—2019 年中欧班列去程与回程情况

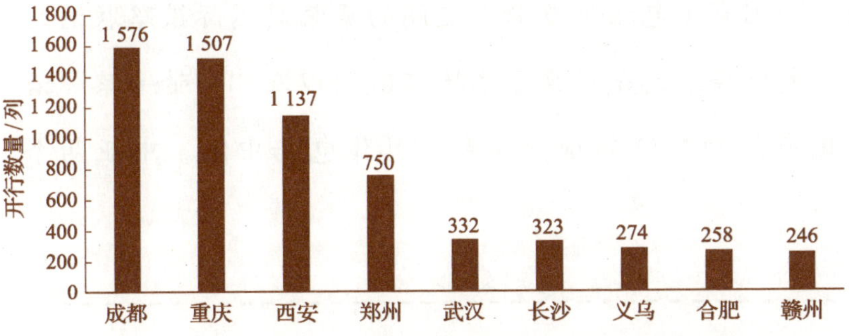

图 3-12 2019 年部分国内城市开行中欧班列情况

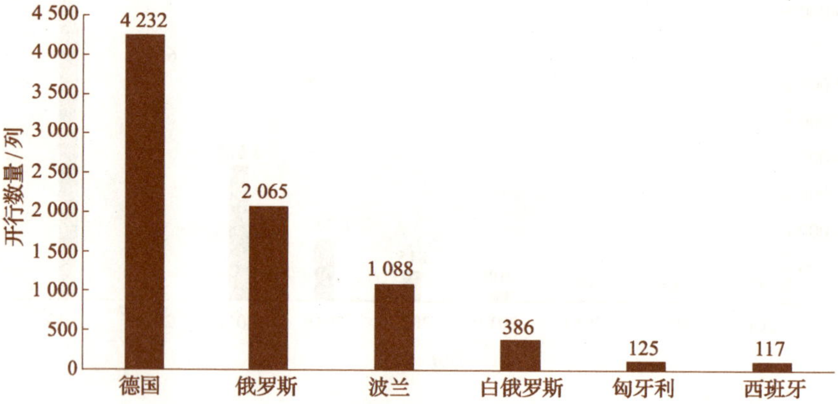

图 3-13　2019 年国外部分国家开行中欧班列情况

》专栏 3-4

中欧班列统计口径

中欧班列统计口径分大、小两种。按照普遍认知，传统中欧班列概念及历史统计数据均为小口径，即仅指中国与欧洲国家（包括俄罗斯）之间的集装箱国际铁路联运列车。大口径指的是往来于中国与欧洲以及“一带一路”沿线国家间的集装箱国际班列，具体包括中欧、中亚两个方向。

>> 专栏 3-5

中欧班列重箱率概念

重箱率指的是装有货物的集装箱占总箱数的比例，是集装箱进出口业务的一种专业术语（只要装有货物，无论多少，即为重箱）。2019 年，中欧班列综合重箱率 94.3%，较上年提升 10 个百分点。截至 2020 年 6 月 30 日，中欧班列综合重箱率达到 98.3%。

>> 专栏 3-6

中欧班列通达国家和城市情况

国内累计开行超过 100 列的城市有 28 个，分别是成都、重庆、西安、郑州、武汉、长沙、义乌、合肥、赣州、苏州、沈阳、徐州、厦门、南昌、东莞、淄博、南京、哈尔滨、乌鲁木齐、广州、大庆、大连、天津、乌兰察布、长春、济南、烟台、太原。

通达欧洲城市 74 个，涉及 21 个国家，分别为德国、俄罗斯、波兰、捷克、西班牙、荷兰、白俄罗斯、法国、拉脱维亚、比利时、英国、匈牙利、芬兰、奥地利、意大利、卢森堡、斯洛伐克、土耳其、立陶宛、塞尔维亚、乌克兰。

» 专栏 3-7

中欧班列全程运行基本数据

中欧班列平均运输距离为 10 000 公里左右，平均运行时间 14 天左右。主要运行线路中，中欧班列（义乌—马德里）的运距最长，约 13 000 公里，运行时间 20 天。

全程运行时间：约为从沿海出发海运至欧洲的三分之一，从内陆转海运的四分之一。

全程运价：约为普通空运的五分之一，快递空运的七分之一。

战略通道作用凸显，助力区域经济发展。新冠肺炎疫情发生以来，海运、空运普遍受阻，中欧班列全力承接转移货源，保持安全稳定运行，成为疫情期间中欧国际物流运输的重要战略通道，为稳定国际供应链、促进企业复工复产发挥了重要支撑作用。中欧班列凭借运时短、成本低、运能大、人员接触少的优势，成为国际防疫救援物资的主要运输渠道之一，为全球抗疫贡献了“中国力量”。截至2020年6月底，中国已通过中欧班列累计向意大利、西班牙等欧洲国家发运超过367万件、2.7万吨防疫物资，为驰援全球战疫提供了有力支撑。中欧班列通过提升交通区位优势、匹配供应链需求、优化要素空间组织，带动了重庆、成都、西安、郑州、长沙等内陆城市高水平开放，进而促进了物流与制造、商贸等产业联动，推动产业落地和集聚，实现产业布局重塑，提高了实体经济的发展质量（见图3–14、图3–15）。

» 专栏 3–8

中欧班列助力重庆打造内陆开放高地

中欧班列（重庆）线路的开通，带动重庆外向型产业实现了年均30%左右的增长，世界500强企业半数以上落户重庆，团结村口岸外贸集装箱处理量年均增长10%以上，奠定了重庆亚洲较大咖啡交易中心的地位，使得地处内陆腹地的重庆逐渐成为中国面向欧洲出口商品的重要中转站和“桥头堡”，助推重庆由长江上游航运中心向内陆国际物流和贸易枢纽转变。

图 3–14　中欧班列（重庆）

图 3–15　中欧班列（西安）

» 专栏 3-9

中欧班列助力内蒙古产业集聚

中欧班列的开行带动10余家来自东北、京津冀地区的木门、家具、木屋别墅等加工企业入驻乌兰察布木材产业园区。进口木材落地加工业提档升级，木材精深加工品类达百余种，全区木材年加工能力超过1 000万立方米。乌兰察布引进沪陶卫浴等4家出口卫浴生产企业落地生产，主要生产组装淋浴房、浴柜等产品，依托中欧班列将产品销往俄罗斯及东欧国家。满洲里市已有4家进口粮油加工企业投产运营，全区年加工能力达135万吨。乌兰察布引进建设贺氏粮油加工项目，依托班列进口企业在俄罗斯32万亩油用向日葵作物并在产业园区实现落地加工，一期建成后年生产能力将达到30万吨。满洲里已有5家化肥生产企业，主要对俄罗斯进口钾肥原材料进行再加工，年生产能力达到20万吨。乌兰察布引进万鑫、路达等沥青加工企业加工俄罗斯重油沥青产品，年加工能力超过30万吨。班列开行有力地带动进出口加工企业落地和产业发展，推动当地国际性贸易发展和产业转型升级。

三、港口与航运合作不断深化

共建21世纪海上丝绸之路重点依托海上合作，发展海上贸易、互联互通和海洋经济，打造一批海上合作支点港口，维护海上大通道的安全畅通。中国坚持公开透明和互利共赢的原则，与有关国家合作建设支点港口，发挥中国的经验优势，帮助东道国发展临港产业和腹地经济。

截至2019年底，中国已与200多个国家、600多个主要港口建立了航线联系，海上港口网络不断加密。中国与47个沿线国家签署了38个双边和区域海运协定。宁波航运交易所不断完善“海上丝绸之路航运指数”，国际影响力日渐提升。

巴基斯坦瓜达尔港（见图3–16）已开通集装箱定期班轮航线，起步区配套设施已完工，吸引30多家企业入园。斯里兰卡汉班托塔港经济特区已完成园区产业定位、概念规划等前期工作。2019年斯里兰卡科伦坡港（见图3–17）完成集装箱吞吐量287.52万标箱，同比增加7.4%。阿联酋哈利法港二期集装箱码头已于2018年12月正式开港（见图3–18）。希腊比雷埃夫斯港建成重要中转枢纽，跃升为地中海地区第一大港（见图3–19）。

图 3–16 巴基斯坦瓜达尔港

图 3–17 斯里兰卡科伦坡港

图 3–18　阿联酋哈利法港二期码头

图 3–19　希腊比雷埃夫斯港

» 案例 3-3

希腊比雷埃夫斯港

比雷埃夫斯港（以下简称比港）是希腊第一大港，位于巴尔干半岛南部，岸线总长约 24 公里，港口条件和地理位置优越，是地中海地区重要交通枢纽。

2016 年，中远海运集团中标比港港务局私有化项目，接手运营管理。短短几年，比港从地中海地区排名第七位跃至第一位，成为全球发展最快的集装箱码头之一，对希腊直接经济贡献超过 6 亿欧元，为当地创造 1 万余个就业岗位。2019 年，比港集装箱吞吐量排名地中海地区第一位、欧洲第四位，营收 1.5 亿欧元，增长 12%，净利润 3 540 万欧元，增长 27%。

希腊发展与投资部部长安东尼斯·乔治亚季斯说，“比港历经发展，成为地中海最为重要的港口，归功于希腊与中国的精诚合作，这是中国对希腊投资的典范，也是希中两国共同的成功”。比雷埃夫斯大学校长安杰洛斯·科蒂奥斯表示，“对希腊和中国而言，这是一个双赢的结果。比港在中企帮助下走出低谷，不断发展。它的成功，体现了共建‘一带一路’对世界的非凡意义”。

四、空中丝绸之路建设突飞猛进

随着经济全球化深入发展，航空运输成为全球范围内配置高端生产要素、提升国家和区域竞争力的强大驱动力。七年来，中国国际航空航线网络加快拓展，国际航班持续加密，实现了共建“一带一路”海陆空多通道并进、多维度发展。

截至2019年底，中国与48个沿线国家、99个城市实现通航，运营国际定期航线509条，每周运营3 521班。2019年，中国的航空公司新开202条国际定期航线，每周运营720班，其中新开至“一带一路”沿线国家航线131条，约占新开通国际航线总量的65%。截至2019年底，中国与127个国家和地区签署了双边政府间航空运输协定，与39个国家和地区建立双边适航关系，与卢森堡、俄罗斯、亚美尼亚、印度尼西亚、柬埔寨、孟加拉国、蒙古、马来西亚、埃及等国家扩大了航权安排。2019年，中国与肯尼亚、埃及、乌拉圭、孟加拉国、巴基斯坦、沙特阿拉伯等22个国家和地区扩大了航空运输市场准入。2019年，中国的机场国际航线完成旅客吞吐量13 935.5万人次，比上年增长10.4%。国际航线货邮吞吐量完成645.7万吨，比上年增长0.4%。

» 案例 3-4

郑州—卢森堡空中丝绸之路建设

2017 年 6 月 14 日，习近平总书记在会见卢森堡首相贝泰尔时表示，中方支持建设郑州—卢森堡“空中丝绸之路”。同月，河南民航发展投资有限公司与欧洲最大的货运航空公司卢森堡货航签署合作协议，在航空运输、跨境电商、金融服务、经贸交流等领域开展合作，成功架起了郑州到卢森堡的“空中丝绸之路”。

郑州—卢森堡“空中丝绸之路”开通以来，航班由每周 2 班加密至每周 18 班，通航点由 3 个增加至 17 个，航线覆盖欧美亚三大洲的 24 个国家 100 多个城市。2019 年，郑州机场完成旅客吞吐量 2 913 万人次，货邮吞吐量 52.2 万吨。卢森堡的啤酒、酸甜可口的蓝莓、带着冰碴的螃蟹，“乘坐”专机，沿着“空中丝绸之路”来到中国，中国制造的智能手机、箱包等货物返回卢森堡。

五、数字丝绸之路方兴未艾

共建数字丝绸之路是高质量共建“一带一路”的重要内容，也是沿线国家特别是发展中国家提高信息基础设施发展和服务水平、实现经济跨越式发展的重要途径。通过开展数字技术合作、共享数据资源，让更多国家、地区和人民享受到数字红利，缩小数字鸿沟，有助于实现可持续发展。中国已联合埃及、老挝、沙特阿拉伯、塞尔维亚、泰国、土耳其、阿联酋等国家共同发起《“一带一路”数字经济国际合作倡议》，与16个国家签署共建数字丝绸之路合作文件，与22个国家建立双边电子商务合作机制，数字丝绸之路建设合作的广度和深度也在不断拓展。中国—东盟信息港建设全面推进，与东盟智慧城市合作稳步开展。截至2019年底，中国在超过35个国家和地区设有海外网络接入点，建成了多个国际数据中心和国际陆缆边境站，在49条海缆上拥有容量，其中参与投资建设15条。此外，北斗卫星导航系统兼容的卫星导航应用产品覆盖“一带一路”沿线国家，为各国提供先进、精准和全方位的时空信息服务。中国—泰国“北斗卫星增强系统基准站”、中国—老挝“老挝一号”等项目相继启动实施。

>> 案例 3-5

中国北斗卫星导航系统助力国际防灾减灾

北斗卫星导航系统是中国自主研发的卫星导航系统，全球四大导航系统之一，采用三种轨道卫星组成的混合星座，与其他卫星导航系统相比，高轨卫星更多、抗遮挡能力强。北斗卫星导航系统提供多个频点的导航信号，能够通过多频信号组合使用等方式提高服务精度。北斗卫星导航系统功能丰富，广泛运用于通信系统、电力调度、救灾减灾、应急搜救、森林防火、交通运输、海洋渔业、水文监测、精准农业等领域，相关产品服务全球 100 多个国家和地区。

北斗卫星导航系统具备独特的短报文通信功能，卫星定位终端和北斗卫星或北斗地面服务站之间能够直接通过卫星信号进行双向信息传递，在地面通信中断的情况下，依然能实现信息传输，在国际搜救中发挥了重要作用。2015 年 4 月，尼泊尔发生 8.1 级强烈地震，电力、通信全部中断，通信不畅成为救援的障碍之一，北斗卫星导航系统则发挥了重要作用，极大提升了搜救效率和能力。

2018年9月，第37颗、38颗北斗导航卫星成功发射。这两颗卫星上首次装载了国际搜救组织标准设备，为全球用户提供遇险报警及定位服务，中国正式成为国际搜救卫星组织的空间设备提供国，为国际防灾减灾作出了卓越贡献。

2020年6月23日，北斗三号最后一颗全球组网卫星在西昌卫星发射中心成功发射，标志着北斗三号全球卫星导航系统星座部署计划全面完成。

六、能源管网设施成效显著

中国与沿线国家签署了一系列合作框架协议和谅解备忘录，在电力、油气、煤炭、新能源等领域开展了广泛合作，与相关国家共同维护油气管网安全运营，促进国家和地区之间的能源资源优化配置。

» 专栏 3–10

能源设施情况

中俄原油管道二线工程全长941.8公里，于2018年1月正式投入商业运营使用，从东北输油管道进口的俄罗斯原油由每年1 500万吨增加到3 000万吨。

中国—中亚天然气管道西起土库曼斯坦和乌兹别克斯坦边境，穿越乌兹别克斯坦中部和哈萨克斯坦南部，经新疆霍尔果斯口岸入境，全长1 833公里，自2009年12月投产以来，保持稳定运营，已累计向国内输入天然气近3 000亿标方。

中俄东线天然气管道是中俄能源合作的标志性项目（见图3–20），被誉为“中俄合作的世纪工程”，已于2019年12月正式投产通气，起自俄罗斯东西伯利亚，由布拉戈维申斯克进入黑龙江省黑河。在中国境内，管道途经黑龙江、吉林、内蒙古、辽宁、河北、天津、山东、江苏、上海9个省（区、市）。

亚马尔液化天然气项目是全球最大的北极液化天然气项目，也是“一带一路”倡议提出后在俄罗斯实施的首个特大型能源项目，已于2018年12月建成第三条生产线。

中缅油气管道的天然气管道和原油管道分别于2013年7月、2017年6月投产运行，截至2020年1月，分别累计向国内输送天然气246亿立方米、原油2 694万吨。

巴基斯坦卡洛特水电站是中巴经济走廊首个水电投资项目，目前项目建设加速推进，为当地提供上千个直接就业岗位，带动钢铁、物流等相关产业高速发展，建成后将每年为巴基斯坦提供逾31亿千瓦时清洁能源，极大改善巴基斯坦能源结构，有效缓解电力供需矛盾，助力当地经济社会发展。

缅甸北克钦邦与230千伏主干网连通工程于2020年1月建成投运，为500万户缅甸家庭提供了稳定的电能，助力缅甸实现2030年全国通电目标。

沙特阿拉伯延布三期5×660兆瓦燃油电站项目（见图3-21）是中国企业与美国通用电气公司合作建设的全球在建规模最大的燃油电站项目，实现了多方共赢。

图 3-20　中俄东线天然气管道

图 3-21　沙特阿拉伯延布三期 5×660 兆瓦燃油电站项目

» 案例 3-6

中缅油气管道

中缅油气管道是“一带一路”倡议在缅甸实施的先导项目（见图 3-22）。中缅油气管道包括原油管道和天然气管道，是继中亚油气管道、中俄原油管道、海上通道之后的中国第四大能源进口通道。中缅天然气管道在缅甸境内设置皎漂、仁安羌、当达和曼德勒四个天然气分输站，每年向缅甸中西部广大地区输送约 20% 管输量的天然气。

中缅油气管道在建期间开展大量水工保护工程，有效防止管道沿线水土流失。管道投产后，项目公司制定了系统的水工保护工程整治规划，经过高强度整治，管道经过地区地质环境基本稳定。中缅油气管道建设期间，缅甸员工达 6 000 多人，马德岛工程建设期间，马德岛当地居民有 1 000 多人参与工程建设、生产运行、后勤服务。

“以前哪有人来皎漂？晚上漆黑一片，当地人都不愿出门。一天只供电两三个小时，私人发电又太贵。”这是在当地从事酒店管理工作的市民的真实心理感受。而如今，每当夜幕降临，皎漂镇林立的高楼灯火通明，道路被一排排整齐的路灯点亮。这些变化全都得益于“一带一路”倡议下，中缅天然气管道项目的实施。现在，每天约60.27万立方米的天然气输往皎漂发电厂，有了充足的天然气，皎漂实现了24小时供电，当地居民的电费也大幅下降。“一带一路”点亮了皎漂璀璨的夜空。

图3–22 中缅油气管道

第三节

贸易畅通 提质增效惠全球

贸易畅通是共建“一带一路”的重要内容。共建“一带一路”促进了沿线国家和地区贸易自由化、便利化，自贸区网络体系逐步形成，贸易结构不断优化，货物贸易规模持续扩大，服务贸易成为新的增长点，跨境电商等新业态蓬勃发展，进一步提升了各国参与经济全球化的广度和深度。

一、沿线国家间贸易联系更为紧密

（一）货物贸易规模持续扩大

2014—2019 年，中国与“一带一路”沿线国家货物贸易进出口总额超过 44 万亿元，年均增长率达 6.1%，高于同期中国对外贸易增速，成为 25 个国家的最大贸易伙伴。2019 年，中国与沿线国家货物贸易进出口总额达 9.3 万亿元，同比增长 10.8%（见图 3–23），比中国对外贸易增速高 7.4 个百分点，占中国货物贸易总额的比重近 30%，比 2013 年提高 5 个百分点。与 2013 年相比，越南、柬埔寨、东帝汶、马尔代夫、亚美尼亚、塞尔维亚等沿线国家与中国 2019 年贸易额增幅超过 2 倍，马来西亚、沙特阿拉伯、越南、新加坡、菲律宾和泰国位列中国 2019 年货物进出口贸易增幅最多的前十大国家。

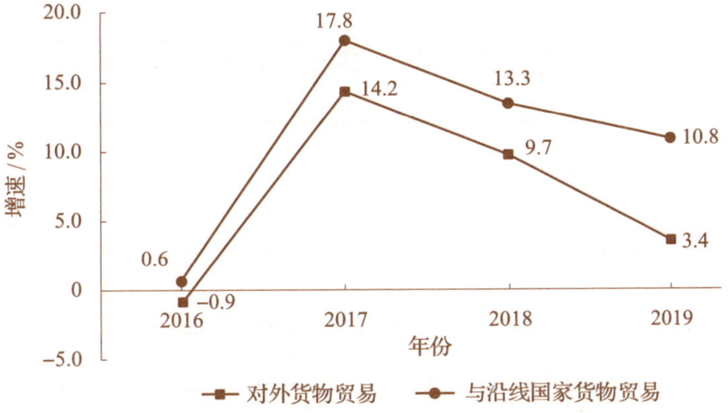

图 3–23 2016—2019 年中国与沿线国家货物贸易增速和全国对外货物贸易总体增速对比

资料来源：海关总署。

共建“一带一路”显著扩大了沿线国家和地区间贸易规模，拉动沿线国家经济增长，改善沿线国家民生。世界银行研究报告通过对比“一带一路”沿线经济体和非沿线经济体的运输时间、贸易成本发现，共建“一带一路”使沿线经济体间贸易的平均运输时间缩短 4%，贸易成本降低 3.5%；与非沿线经济体贸易的平均运输时间缩短 3.2%，贸易成本降低 2.8%。共建“一带一路”可使沿线经济体的贸易增加 2.8% ~ 9.7%，世界贸易增加 1.7% ~ 6.2%，贸易增加将使沿线国家实际收入增加 1.2% ~ 3.4%，全球实际收入增加 0.7% ~ 2.9%，贸易成果将帮助 760 万人摆脱极端贫困，3 200 万人摆脱中度贫困。

» 专栏 3-11

共建“一带一路”贸易成果惠及世界

中阿（富汗）松子贸易。阿富汗长期遭受战火破坏，贫困率达 40%，经济发展多年来举步维艰。松子是阿富汗主要经济作物，但由于与很多国家没有松子出口协议，只能通过转口贸易出口，价格很低。得益于共建“一带一路”倡议，在中阿两国政府的共同推动下，从 2018 年 11 月开始，阿富汗松子“坐上”包机出口中国，为当地人民增加了就业机会，改善了生活水平。阿富汗农业部长杜拉尼说：“阿富汗松子包机出口到中国，不仅促进了阿富汗农业领域发展，还极大提升了阿富汗货物出口能力。”

太平洋岛国鲜品直达中国餐桌。得益于共建“一带一路”倡议，来自太平洋岛国的诺丽果汁、金枪鱼等优质产品直达中国餐桌。第二届中国国际进口博览会上专门设立上海自贸试验区国别（地区）中心南太平洋岛国联合馆，包括斐济、瓦努阿图、萨摩亚等多国展区，来自太平洋岛国的参展商、出口商和旅游运营商在此平台上展示优质产品。太平洋岛国将优质农产品深度加工后出口到中国，当地人民增加了收入，同时在中国巨大的市场需求驱动下，各岛国提升产品质量和生产效率，生产出更多符合中国市场需求的优质产品，双方实现互利共赢。

2020年，受新冠肺炎疫情冲击，世界经济严重衰退，产业链、供应链、循环链受阻，国际贸易投资萎缩，但中国与“一带一路”沿线国家贸易逆势增长。一季度，中国与沿线国家货物贸易进出口额为2.1万亿元，同比增长3.2%，比中国对外贸易增速高9.6个百分点，占中国货物贸易总额的比重达31.4%。其中，自沿线国家货物贸易进口9 654.4亿元，同比增长9.6%；出口1.1万亿元，同比下降1.8%。在与中国签署共建“一带一路”合作文件的138个国家中，52个国家与中国货物贸易进出口为正增长，亚美尼亚、格林纳达、纳米比亚、特立尼达和多巴哥、塞浦路斯、文莱、塞尔维亚、卢旺达、伊拉克、厄瓜多尔、苏丹、萨尔瓦多等12个国家对华贸易增幅超过20%。

» 专栏 3-12

2020年第一季度“一带一路”贸易逆势增长

中国与“一带一路”沿线国家货物进出口贸易额为2.1万亿元，同比增长3.2%，高出中国外贸增速9.6个百分点。

对东盟进出口同比增长6.1%。

进口主要为原油和机电产品，占中国自沿线国家进口总额分别达29.3%和28.2%。

出口主要为机电产品，占中国对沿线国家出口总额的53.2%。

航空运输和铁路运输方式进出口分别增长21.5%和14%。

» 专栏 3-13

2020 年 1—2 月中国部分省（市）对“一带一路”沿线国家进出口数据

山东省：对“一带一路”沿线国家进出口额 903.3 亿元，同比增长 11.3%，占全省外贸总额的 32.5%。

天津市：对“一带一路”沿线国家进出口额 253 亿元，同比增长 6.2%，占全市外贸进出口总额的 25.5%。

河北省：对“一带一路”沿线国家进出口额 169.4 亿元，同比增长 7.5%。

湖南省：对“一带一路”沿线国家进出口额 144.5 亿元，同比增长 2.4%，占全省进出口总额的 30.6%。

陕西省：对“一带一路”沿线国家进出口总额 101.9 亿元，同比增长 32.99%。

吉林省：对“一带一路”沿线国家进出口额 56.5 亿元，同比增长 2.2%，占全省进出口总额的 29.4%。

海南省：对“一带一路”沿线国家外贸进出口额 52.4 亿元，同比增长 15.6%。

（二）服务贸易成为“一带一路”合作新的增长点

中国分别与中东欧国家和金砖国家签署《中国—中东欧国家服务贸易合作倡议》《金砖国家服务贸易合作路线图》，与14个国家建立服务贸易双边合作机制。2018年，中国与“一带一路”沿线国家和地区服务贸易进出口额达1 217亿美元，同比增长24.5%，占中国服务贸易总额的15.4%，同比提高了1个百分点。旅游服务贸易增长迅猛，中国游客每年赴沿线国家旅游超过2 500万人次，已成为这些国家的最大客源国，有效带动当地经济增长和就业，促进民间交流和经贸合作。在对外承包工程和重大援助项目的带动下，中国与“一带一路”沿线国家和地区建筑服务贸易合作成效突出。服务外包、中医药服务等高附加值的新兴领域合作也快速增长。与沿线国家签订的版权贸易协议从2016年的3 808项增加到2018年的7 100余项，增幅达86.4%。

（三）跨境电商等新业态蓬勃发展

截至2020年6月，中国共设立105个跨境电子商务综合试验区（见表3–2），各综合试验区企业建设海外仓超过1 200个，服务范围覆盖全球。中国商品通过跨境电商销往俄罗斯、以色列、韩国、越南等100多个签署了共建“一带一路”合作文件的国家和地区，线上商贸范围从欧亚拓展到非洲多国。2019年，中国海关跨境电子商务管理平台零售进出口商品总额达1 862.1亿元，同比增长

38.3%，市场采购贸易额 5 629.5 亿元，同比增长 19.7%，两者合计对我国外贸增长贡献率近 14%。“丝路电商”合作蓬勃兴起，截至 2019 年底，中国已与 22 个国家（见表 3–3）建立双边电子商务合作机制，合作伙伴遍及五大洲，通过搭建政企对话平台、开展联合研究、加强能力建设等多种合作方式，推动海内外企业对接和全球品牌培育迈出实质性步伐。

表 3–2　中国跨境电子商务综合试验区

时间	试点城市
2015 年 3 月 7 日（第一批）	杭州
2016 年 1 月 6 日（第二批）	天津、上海、重庆、合肥、郑州、广州、成都、大连、宁波、青岛、深圳、苏州
2018 年 7 月 24 日（第三批）	北京、呼和浩特、沈阳、长春、哈尔滨、南京、南昌、武汉、长沙、南宁、海口、贵阳、昆明、西安、兰州、厦门、唐山、无锡、威海、珠海、东莞、义乌
2019 年 12 月 24 日（第四批）	石家庄、太原、赤峰、抚顺、珲春、绥芬河、徐州、南通、温州、绍兴、芜湖、福州、泉州、赣州、济南、烟台、洛阳、黄石、岳阳、汕头、佛山、泸州、海东、银川
2020 年 4 月 27 日（第五批）	雄安新区、大同、满洲里、营口、盘锦、吉林、黑河、常州、连云港、淮安、盐城、宿迁、湖州、嘉兴、衢州、台州、丽水、安庆、漳州、莆田、龙岩、九江、东营、潍坊、临沂、南阳、宜昌、湘潭、郴州、梅州、惠州、中山、江门、湛江、茂名、肇庆、崇左、三亚、德阳、绵阳、遵义、德宏傣族景颇族自治州、延安、天水、西宁、乌鲁木齐

表 3–3　与中国建立双边电子商务合作机制的国家

时间	国家
2016 年	智利
2017 年	匈牙利、爱沙尼亚、柬埔寨、澳大利亚、巴西、越南、新西兰
2018 年	奥地利、哈萨克斯坦、俄罗斯、科威特、阿联酋、卢旺达、冰岛、阿根廷、巴拿马
2019 年	意大利、哥伦比亚、乌兹别克斯坦、瓦努阿图、萨摩亚

二、贸易便利化水平持续提升

（一）贸易便利化机制日益完善

中国坚定维护多边贸易体制，切实履行世界贸易组织《贸易便利化协定》，推动全球商品要素的自由流动。中国发起《推进“一带一路”贸易畅通合作倡议》，83 个国家和国际组织积极参与，与 12 个国家建立了贸易畅通工作组，快速解决双边经贸合作中出现的问题，推动经贸合作发展。2018 年和 2019 年，中国首创并连续成功举办两届以进口为主题的国家级展会——中国国际进口博览会，主动向世界开放市场，促进世界各国加强经贸交流合作，共同维护自由贸易和多边贸易体制，共建开放合作、开放创新、开放共享的世界经济。

» 专栏 3-14

中国国际进口博览会

2017 年 5 月，习近平主席在“一带一路”国际合作高峰论坛上宣布，中国将从 2018 年起举办中国国际进口博览会。中国国际进口博览会是世界上第一个以进口为主题的大型国家级展会，旨在坚定支持贸易自由化和经济全球化、主动向世界开放市场，有利于促进世界各国加强经贸交流合作，促进全球贸易和世界经济增长，推动开放型世界经济发展。2018年和2019年，中国国际进口博览会连续成功举办两届，坚持展览、论坛、外交、人文“四合一”，已成为国际采购平台、投资促进平台、人文交流平台、开放合作平台。

第一届	第二届
● 172个国家、地区和国际组织参会 ● 3 617家企业参展 ● 超过40万名境内外专业采购商到会洽谈采购 ● 展览总面积达30万平方米 ● 意向成交总额超过578亿美元	● 181个国家、地区和国际组织参会 ● 3 800多家企业参展 ● 超过50万名境内外专业采购商到会洽谈采购 ● 展览总面积达36万平方米 ● 意向成交总额为711.3亿美元

（二）通关便利化水平不断提升

中国推进“一带一路”沿线国家“智慧海关、智能边境、智享联通”合作，建立国际贸易“单一窗口”试点，持续推动口岸互联互通。2019年，中国对外签署的海关检验检疫合作文件共198份，涉及“一带一路”沿线国家89份。初步建成“一带一路”海关信息交换和共享平台，与智利、巴基斯坦、新加坡、格鲁吉亚等国共建原产地电子联网，倡议实施“海关—铁路运营商推动中欧班列安全和快速通关伙伴合作计划”（“关铁通”）。以“一带一路”沿线国家和重点贸易国家为重点，加快推进“经认证的经营者”（AEO）国际互认合作，已与15个经济体的42个国家和地区签署AEO互认安排，互认国家和地区数量居全球首位，其中包括18个“一带一路”沿线国家。推进农副产品快速通关，与哈萨克斯坦、塔吉克斯坦、吉尔吉斯斯坦、越南、蒙古等邻国相继开通7条边境口岸农副产品快速通关“绿色通道”，通关时间缩短90%。推动人员通关便利化，在18个航空、陆路口岸设置89条“一带一路”人员便利通道。

（三）便利化税收环境逐步形成

中国深度参与国际税收规则制定，与经济合作与发展组织（OECD，简称经合组织）、国际货币基金组织、联合国国际税务合作专家委员会、税收征管论坛等主要国际组织建立紧密合作关系，与包括“一带一路”沿线国家在内的121个国家和地区税务主管当局建立双边税收合作机制，与111个国家和地区签订税收协定，包括80个“一带一路”建设参与国和地区。2019年，中国成功举办第一届“一带一路”税收征管合作论坛，与沿线国家共同签署《“一带一路”税收征管合作机制谅解备忘录》，构建“一带一路”税收征管合作机制，组建“一带一路”税收征管能力促进联盟。作为促进贸易和投资自由化、便利化的重要举措之一，建立共建“一带一路”税收征管合作机制，截至2020年共有36个理事会成员、28个观察员。

三、贸易网络更趋完善

（一）贸易合作平台不断完善

各类合作平台为商品和服务推广、投资及培养增长新动力提供了重要载体。一是贸易投资促进平台作用凸显。近年来，中国国际进口博览会、中国进出口商品交易会、国际服务贸易交易会、中国国际投资贸易洽谈会等国家级展会平台质量和影响力不断提升，对深化中国与"一带一路"沿线国家经贸合作发挥着越来越突出的作用，已成为促进中国与相关国家贸易畅通的重要平台。二是境外经贸合作区成为产业合作的重要依托。中国企业在"一带一路"沿线国家推进建设境外经贸合作区，对促进东道国经济社会发展、推动工业化进程和产业升级、深化经贸合作发挥积极作用。中国—白俄罗斯工业园、柬埔寨西哈努克港经济特区、泰国泰中罗勇工业园、越南龙江工业园、中阿（联酋）产能合作园区、中埃苏伊士经贸合作区、中匈宝思德经贸合作区等建设成效显著。三是边境经济合作区、跨境经济合作区平台作用提升。中国已建立 17 个边境经济合作区，中哈霍尔果斯国际边境合作中心和中老磨憨—磨丁经济合作区等跨境经济合作区，成为沿边地区积极参与"一带一路"建设及开展边境经济合作的重要平台。

（二）自由贸易试验区、自由贸易港建设不断提速

2013 年 8 月至 2020 年 6 月，中国分多批次批准设立了 18 个自由贸易试验区（见表 3–4），形成"1+3+7+1+6"覆盖东西南北中的改革开放创新格局，为不断完善开放型经济新体制、探索高标准国际经贸规则提供了新的制度供给、经验方法和实践模式。2018 年 4 月，中国决定支持海南全岛建设自由贸易试验区，探索中国特色自由贸易港建设，2020 年 6 月 1 日，《海南自由贸易港建设总体方案》印发，海南自由贸易港建设开启新征程。中国自由贸易试验区、自由贸易港深入推进制度创新和对外开放高地建设，探索实施高水平贸易投资自由化、便利化政策，紧密结合自身地缘特色和文缘特点，强

表 3–4　中国自由贸易试验区建设情况

批复设立时间	自由贸易试验区名称
2013 年 8 月	中国（上海）自由贸易试验区
2015 年 4 月	中国（天津）自由贸易试验区、中国（广东）自由贸易试验区、中国（福建）自由贸易试验区
2017 年 3 月	中国（辽宁）自由贸易试验区、中国（浙江）自由贸易试验区、中国（河南）自由贸易试验区、中国（湖北）自由贸易试验区、中国（重庆）自由贸易试验区、中国（四川）自由贸易试验区、中国（陕西）自由贸易试验区
2018 年 9 月	中国（海南）自由贸易试验区
2019 年 7 月	中国（上海）自由贸易试验区临港新片区
2019 年 8 月	中国（山东）自由贸易试验区、中国（江苏）自由贸易试验区、中国（河北）自由贸易试验区、中国（云南）自由贸易试验区、中国（广西）自由贸易试验区、中国（黑龙江）自由贸易试验区

化与“一带一路”沿线国家交流合作，为推进“一带一路”贸易畅通、推动构建更高水平开放型经济新体制作出积极贡献。

（三）自贸区网络体系逐步形成

中国加强与沿线各国政策沟通协调，与东盟、新加坡、巴基斯坦、格鲁吉亚、马尔代夫、智利、毛里求斯等多个国家和地区签署或升级了自由贸易协定，与欧亚经济联盟签署经贸合作协定。截至2019年底，中国已与25个国家和地区签署了17个自由贸易协定（见表3–5），其中与“一带一路”沿线13个国家签署了5个自由贸易协定，正在推动12个自贸区（FTA）谈判。《区域全面经济伙伴关系协定》（RCEP）15个成员国已结束全部文本谈判及实质上所有市场准入谈判；中日韩自由贸易协定商谈稳步推进；中国—柬埔寨自贸谈判已完成；《亚太贸易协定第二修正案》即第四轮关税减让成果生效实施；《中华人民共和国与欧亚经济联盟经贸合作协定》生效实施。

表3–5 中国已签订的部分自由贸易协定

签订方	启动时间	签署时间	签订协定
中国—智利	2004年11月	2005年11月	《中国—智利自由贸易协定》
中国—巴基斯坦	2005年4月	2006年11月	《中国—巴基斯坦自由贸易协定》
中国—新西兰	2004年11月	2008年4月	《中国—新西兰自由贸易协定》

续表

签订方	启动时间	签署时间	签订协定
中国—新加坡	2006 年 10 月	2008 年 10 月	《中国—新加坡自由贸易协定》
中国—秘鲁	2007 年 9 月	2009 年 4 月	《中国—秘鲁自由贸易协定》
中国—东盟	2002 年 11 月	2009 年 8 月	《中国—东盟自由贸易区投资协议》
中国—哥斯达黎加	2008 年 11 月	2010 年 4 月	《中国—哥斯达黎加自由贸易协定》
中国—冰岛	2006 年 12 月	2013 年 4 月	《中国—冰岛自由贸易协定》
中国—瑞士	2011 年 1 月	2013 年 7 月	《中国—瑞士自由贸易协定》
中国—韩国	2012 年 5 月	2015 年 6 月	《中国—韩国自由贸易协定》
中国—澳大利亚	2005 年 4 月	2015 年 6 月	《中国—澳大利亚自由贸易协定》
中国—东盟（“10+1”升级）	2014 年 8 月	2015 年 11 月	《中国与东盟关于修订〈中国—东盟全面经济合作框架协议〉及项下部分协议的议定书》
中国—格鲁吉亚	2015 年 12 月	2017 年 5 月	《中国—格鲁吉亚自由贸易协定》
中国—马尔代夫	2015 年 9 月	2017 年 12 月	《中国—马尔代夫自由贸易协定》
中国—新加坡（升级）	2015 年 11 月	2018 年 11 月	关于升级《中华人民共和国政府和新加坡共和国政府自由贸易协定》的议定书
中国—毛里求斯	2017 年 12 月	2019 年 10 月	《中华人民共和国政府和毛里求斯共和国政府自由贸易协定》

资料来源：中国自由贸易区服务网。

四、贸易转型升级动力充足

中国紧紧抓住全球产业转移和全球贸易快速发展的历史机遇，积极推动贸易高质量发展，贸易结构不断优化，国际市场布局、国内区域布局、商品结构、经营主体和贸易方式“五个优化”取得积极成效，贸易大国地位更加巩固。一是国际市场布局明显优化。2019 年，与“一带一路”沿线国家进出口 9.3 万亿元，增长 10.8%，占比提高 2 个百分点至 29.4%。对欧盟、东盟、拉美、非洲进出口分别增长 8%、14.1%、8% 和 6.8%。二是国内区域布局更加合理。2019 年，中西部地区出口占比 18.3%。其中，加工贸易出口中西部占 23.3%，承接加工贸易产业转移取得积极成效。三是商品结构不断升级。机电产品出口占比达 58.1%，高质量、高技术、高附加值产品集成电路、汽车整车出口分别增长 25.4% 和 8.6%。一般贸易贡献增强，出口占比提高 1.5 个百分点至 57.8%，增强了产业链价值和贸易竞争力。四是各类经营主体活力充沛。民营企业首次超过外商投资企业，成为中国第一大外贸主体。2019 年，民营企业进出口 13.48 万亿元，增长 11.4%，占中国外贸总额的 42.7%，比 2018 年提升 3.1 个百分点。其中，出口 8.9 万亿元，增长 13%；进口 4.58 万亿元，增长 8.4%。外商投资企业进出口 12.57 万亿元，占中国外贸总额的 39.9%。国有企业进出口 5.32 万亿元，占 16.9%。五是贸易方式结构进一步优化。一般贸易进出口比重提升。2019年，中国一般贸易进出口18.61万亿元，增长5.6%，占外贸总额的59%，比2018年提升1.2个百分点。其中，出口9.95万亿元，增长7.8%；进口8.66万亿元，增长3.1%。加工贸易进出口7.95万亿元，下降5.1%，占25.2%。

» 专栏 3-15

中国从“一带一路”沿线国家进口规模显著增加

根据《2019中国进口发展报告》，中国从“一带一路”沿线国家各类产品的进口规模显著增加。

汽车进口：2001年，中国从“一带一路”沿线国家进口汽车产品规模仅为1.3亿美元，占中国汽车产品进口总额的3.0%，2017年，进口汽车产品规模为53.3亿美元，占中国汽车产品进口总额的7.1%。

科技生活产品进口：中国从“一带一路”沿线国家进口科技生活产品规模从2001年的2.8亿美元增加到2017年的140.9亿美元，占2017年中国科技生活产品进口总额的比例高达50.7%。

品质生活消费品进口：中国从“一带一路”沿线国家进口品质生活消费品的规模从2001年的2.9亿美元增长到

2017年的77.6亿美元，2017年是2001年的26.8倍，中国从“一带一路”沿线国家进口品质生活消费品占中国进口总额的比重增幅显著，由2001年的10.8%增长至2017年的25.8%，增加了15个百分点。

农产品进口：2018年从“一带一路”沿线国家农产品进口额达381.5亿美元，2018年是2001年的14倍，占2018年中国农产品进口总额的比重为25%左右。

中国的贸易创新能力不断增强，正在形成外贸竞争新优势。科技创新、制度创新、模式和业态创新不断强化，新业态新模式成为外贸增长新动能。外贸对产业升级引领促进作用更加突出，越来越多的企业加大研发投入，持续创新，自主开拓多元化市场能力明显增强，国际竞争力持续提升。

中国主动向世界开放市场，连续11年成为全球第二大进口市场，进口额占世界进口总额的10%以上。2008年国际金融危机以来，中国进口贡献全球进口增量的六分之一，是全球经济复苏的助推器和稳定器。同时，对外贸易快速发展促进了中国经济与世界经济融合，中国已经是120多个国家和地区的主要贸易伙伴，与世界各国经贸联系和互利往来越来越密切，在全球经济治理和多双边经贸合作中发挥的作用越来越重要。

▌第四节▐

资金融通 疏通血脉强动能

资金融通是共建“一带一路”的重要支撑。中国与沿线各国共同努力，积极拓宽多样化融资渠道，不断创新投融资方式，持续完善金融合作机制，加大资金支持力度，初步建立起多元、包容、可持续的“一带一路”投融资体系，为共建“一带一路”提供稳定、透明、高质量的资金支持。

一、金融互联互通持续深化

（一）金融服务网络不断延伸

截至 2019 年底，已有 11 家中资银行在 29 个沿线国家设立 80

家一级机构，在 113 个沿线国家和地区开通银联卡业务，其中 38 个开通银联移动支付服务。2 家中资证券公司在新加坡、老挝设立合资公司。截至 2019 年 10 月，来自 23 个沿线国家的近 50 家银行在中国设立 7 家法人银行、约 20 家外国银行分行和 30 多家代表处。人民币国际支付、投资、交易、储备功能稳步提高。人民币跨境支付系统（CIPS）沿线国家和地区参与机构达 205 家，覆盖近 60 个沿线国家和地区的近千家银行，通过该系统清算的涉及"一带一路"沿线国家和地区的跨境人民币业务累计超过 15 万亿元。

（二）金融业务合作愈加紧密

截至 2019 年底，中国与 21 个沿线国家建立了双边本币互换安排，与 7 个沿线国家建立人民币清算安排；与有关国家的会计准则制定机构共同发起《"一带一路"国家关于加强会计准则合作的倡议》，共同建立"一带一路"会计准则合作机制。2018 年 4 月，中国—国际货币基金组织联合能力建设中心正式启动，已举办 31 期课程班或研讨会，为超过 55 个沿线国家近千名学员提供培训。

（三）金融监管合作不断加强

中国通过签署跨境监管合作文件、加强监管磋商、强化风险研判和完善风险防范机制等方式，为应对跨境风险夯实基础。截至2019年底，中国银保监会已与38个“一带一路”沿线国家和地区的金融监管当局签署了监管合作谅解备忘录或合作协议，为中资银行保险机构海外发展创造良好外部监管环境。积极通过监管磋商机制等加强与沿线国家监管当局沟通交流，支持中资银行在当地稳健发展，不断拓展深化银行业保险业跨境监管合作。通过监管约谈、监管通报等形式，强化监测业务所在国家或地区政治经济形势、金融市场走势和金融监管环境，加强境外业务风险识别和判断。督促银行业对境外企业业务加强合规性、真实性审核，加强统一授信管理，提足国别风险拨备。发布《关于金融服务企业走出去的指导意见》，完善金融服务企业走出去等领域风险防范机制。

二、多边金融合作支撑作用显现

七年来，中国同“一带一路”沿线国家和组织开展了多种形式的多边金融合作，包括搭建高质量多边融资政策协调框架、完善多边融资合作机制、发挥多边金融机构的关键作用。

（一）高质量多边融资政策协调框架初步建立

中国财政部与阿根廷、俄罗斯、印度尼西亚、英国、新加坡等29国财政部门共同核准了《“一带一路”融资指导原则》，支持金融资源服务于相关国家和地区的实体经济发展，重点加大对基础设施互联互通、贸易投资、产能合作等领域的融资支持。2019年4月，中国发布《“一带一路”债务可持续性分析框架》，为支持“一带一路”沿线国家提高债务可持续性提供自愿采用的债务管理分析工具，充分彰显了中国在债务可持续问题上积极和开放的态度，以及对“一带一路”低收入国家实际国情和发展需求的重视，有利于提高“一带一路”各参与方投融资决策科学性和债务管理水平。中国财政部与亚洲基础设施投资银行、亚洲开发银行、拉美开发银行、欧洲复兴开发银行、欧洲投资银行、泛美开发银行、国际农业发展基金、世界银行集团8家机构共同设立多边开发融资合作中心（MCDF），作为基础设施开发融资多边合作协调机制，协调多双边开发机构在包括“一带一路”建设在内的基础设施互联互通等领域开展合作，支持高质量项目准备和能力建设，鼓励各方将遵循国际通行规则、适应发展中国家实际需要、遵循市场规律三者有机结合。

（二）多边融资合作机制逐步完善

中国人民银行与国际金融公司（世界银行集团所属）、泛美开发银行、非洲开发银行和欧洲复兴开发银行等多边开发机构设立的四家联合融资基金投资超过30亿美元，截至2019年底，已累计投资近200个项目，覆盖70多个国家和地区。2017年11月，中国—中东欧银联体成立，成员包括中国、匈牙利、捷克、斯洛伐克、克罗地亚等14个国家的金融机构。2018年，上海合作组织银行联合体、中国—阿拉伯国家银行联合体、中非金融合作银行联合体成立，建立了中国与阿拉伯国家之间、非洲国家之间的首个多边金融合作机制。2019年4月，中国与拉美之间首个多边金融合作机制——中拉开发性金融合作机制成立，由国家开发银行牵头，拉美对外贸易银行、阿根廷投资与外贸银行、厄瓜多尔国家开发银行、墨西哥国家外贸银行、秘鲁开发金融公司、巴拿马国民银行、哥伦比亚国家开发金融公司7家具有区域代表性和影响力的拉美开发性金融机构共同参与。2019年11月，中日韩—东盟银行联合体（"10+3"银联体）成立，国家开发银行和泰国开泰银行为联合主席行，日本国际协力银行、韩国产业银行等11个其他成员行参与。

（三）多边开发性金融机构发挥关键作用

开发性金融不仅是"一带一路"建设重要的资金来源，更是一种用市场化方法实现国家战略的金融合作和创新形态。多边开发性金融机构在"一带一路"建设中发挥着关键作用。2015年底成立的亚投行是首个由中国倡议设立的多边金融机构。成立首年，亚投行就为巴基斯坦、塔吉克斯坦、孟加拉国、印度尼西亚、缅甸、阿曼、阿塞拜疆7个亚洲国家的9个项目提供了17.3亿美元贷款，撬动公共部门和私营部门资金125亿美元。2017年亚投行会同世界银行等6家多边开发银行，与中国政府共同签署了《关于加强"一带一路"倡议下相关领域合作的谅解备忘录》，旨在加快推进在"一带一路"

沿线国家信息交换、项目对接、能力建设等方面的工作。金砖国家新开发银行与亚投行使命虽然有不同，但是其目标也是用基础设施建设撬动全球经济增长，深化区域经济融合。

三、金融机构合作水平稳步提升

（一）银行合作不断深化

积极发挥银行在公司融资、贸易代理、信托等方面的优势，为“一带一路”建设提供金融支持。2017年5月，国家开发银行、中国进出口银行宣布提供3 800亿元等值人民币“一带一路”建设专项贷款，以市场化方式运作，坚持可持续、绿色环保、合作国民众获得感、廉洁等评估要求，重点支持基础设施、产能合作、金融合作项目。在首届“一带一路”国际合作高峰论坛期间，中国工商银行牵头成立“一带一路”银行间常态化合作机制（BRBR），吸引了51个国家和地区的94家金融机构参加，2020年3月，发布《支持中国等国家抗击新冠肺炎疫情的倡议》，呼吁“一带一路”金融机构为金融抗击疫情、保持经济稳定增长作出积极贡献，促进“一带一路”沿线国家与地区金融稳定和经济健康发展。中国银行、中国工商银行、中国农业银行、中国建设银行等中资银行与沿线国家建立了广泛的代理行关系。德国商业银行与中国工商银行签署合作谅解备忘录，成为首家加入“一带一路”银行合作常态化机制的德国银行。

（二）保险合作进一步扩展

进一步发挥政策性出口信用保险在支持基础设施、基础产业建设上的独特作用，为共建“一带一路”国际合作保驾护航。截至 2019 年底，中国出口信用保险公司在沿线国家累计实现保额超 1 万亿美元，支付赔款 52.1 亿美元。中国再保险集团与 30 多家保险机构建立了“一带一路”合作关系，为全球 135 个国家和地区提供服务，2017 年 8 月，倡议并建立“金砖保险再保险支撑体系”，填补了金砖国家金融领域合作的一项空白。2017 年 11 月，新加坡“一带一路”保险联合体成立，中国再保险集团新加坡分公司担任管理机构，截至 2019 年 7 月，累计为“一带一路”项目提供 32 亿元人民币风险保障。

（三）证券合作态势向好

证券公司积极为实体企业提供投资银行、投资管理、销售研究、风险管理等多维度的证券服务，为“一带一路”多元化综合融资贡献力量。截至 2019 年 10 月底，在基金业协会备案的产品名称或主要投资方向中包含“一带一路”且正在运作的私募基金 45 支，基金规模 924.13 亿元。证券基金期货经营机构引进来走出去日益盛行。2020 年，中国取消证券公司外资股比限制。推动修订合格境外机构投资者（QFII）、人民币合格境外机构投资者（RQFII）相关制度，优化合格机构投资者制度安排，更加便利各类境外机构进入资本市场投资运作。截至2019年10月底，共有32家证券公司、24家基金管理公司在境外设立、收购了57家经营机构，6家期货公司在境外设立了二级期货持牌经营机构。大连商品交易所、郑州商品交易所分别获得新加坡“受认可的市场运营者（RMO）”牌照和香港证监会颁发的“自动化交易服务（ATS）”牌照，为境外投资者参与境内期货市场提供更好的服务。

四、金融市场体系日趋完善

（一）人民币债券市场开放度提升

中国不断提高银行间债券市场对外开放程度。截至2020年3月，熊猫债发行规模已达3 894.7亿元人民币，沿线国家和地区的政府和机构在中国境内发行熊猫债700亿元人民币，其中存量规模为2 739.7亿元。2020年以来多支疫情防控熊猫债成功发行，为新冠肺炎疫情防控工作提供资金支持。中国进出口银行面向全球投资者发行20亿人民币“债券通”绿色金融债券，金砖国家新开发银行发行首笔30亿人民币绿色金融债。

>> 专栏 3-16

中国银行牵头承销首笔新冠肺炎疫情防控熊猫债

2020年2月28日，中国银行作为牵头主承销商，为恒安国际集团有限公司（以下简称“恒安国际”）发行2020年度第一期超短期融资券（疫情防控债），总金额10亿元，期限为270天，票面利率2.85%。这是交易商协会熊猫债项下首笔疫情防控主题债，也是恒安国际在新注册的熊猫债额度下的首笔发行。此次募集资金中将有1.3亿元用于补充防疫相关营运资金。

（二）证券交易所合作不断深化

证券期货交易所之间的股权、业务和技术合作稳步推进。2015年，上海证券交易所、德意志交易所集团、中国金融期货交易所共同出资成立中欧国际交易所。2016年，上海证券交易所、深圳证券交易所、中国金融期货交易所共同参股巴基斯坦证券交易所。2017年，上海证券交易所与哈萨克斯坦阿斯塔纳国际金融中心管理局签署合作协议，将共同投资建设阿斯塔纳国际交易所。2018年，上海证券交易所和深圳证券交易所参股孟加拉国达卡证券交易所。沪深港通机制持续优化，中日 ETF 互通产品顺利落地。2018 年 12 月，上海证券交易所、深圳证券交易所、上海证券交易所公益基金会共同发起成立“上海交易所国际交流合作中心”，深化与“一带一路”沿线交易所合作。

（三）推动提升金融风险管理水平

中国发布《关于进一步加强银行业金融机构境外运营风险管理的通知》《关于加强中资商业银行境外机构合规管理长效机制建设的指导意见》《关于规范银行业服务企业走出去 加强风险防控的指导意见》《银行业金融机构国别风险管理指引》等监管文件，针对银行业金融机构境外经营面临的关键问题、薄弱环节和突出风险，提出关于境外经营、机构布局、风险防范的一系列监管规范，持续加强风险监测。加强银行保险机构境外债权监测分析，完善统计制度，强化风险敞口的定期监测。完善国别风险监测报告制度，关注境外债权异常变化。加强监管协同，密切跟踪监测跨境资金流动情况。

五、国际投融资模式持续创新

“一带一路”沿线基础设施建设和产能合作潜力巨大，融资缺口亟待弥补。各国主权基金和投资基金发挥重要的作用。2014 年 11 月，中国政府宣布出资 400 亿美元成立丝路基金；2017 年 5 月，宣布向丝路基金增资 1 000 亿人民币。2018 年 7 月，丝路基金与欧洲投资基金（EIF）共同成立中欧共同投资基金，投资规模5亿欧元。近年来，阿联酋阿布扎比投资局、中国投资有限责任公司等主权财富基金对沿线国家主要新兴经济体投资规模显著增加。中国投资有限责任公司积极创新对外投资方式，实践新型多双边基金合作模式，包括中美制造业合作基金、中日产业合作基金、中英基金、中法基金、中意基金、中东盟基金、中韩基金等。

» 专栏 3–17

丝路基金

2014年11月8日，习近平主席在加强互联互通伙伴关系对话会上宣布，中国将出资400亿美元成立丝路基金，12月29日，丝路基金在北京正式注册成立。丝路基金由外汇储备、中国投资有限责任公司、国家开发银行、中国进出口银行共同出资，是中国利用自身资金实力支持“一带一路”倡议的重要举措，也是金融创新的重大举措。2019年1月，增资1 000亿元人民币，人民币对外投资取得实质性进展。

丝路基金秉承“开放包容、互利共赢”的理念，坚持市场化、国际化、专业化运作原则，发挥中长期开发投资基金的优势，通过以股权为主的多种投融资方式，重点围绕共建“一带一路”基础设施、资源开发、产业合作和金融合作等项目，致力于为“一带一路”框架内的经贸合作和双边多边互联互通提供投融资支持，与境内外企业、金融机构一道，促进中国与“一带一路”沿线国家和地区实现共同发展、共同繁荣。

截至2019年底，丝路基金已签约39个项目，协议投资额约156.3亿美元，实际出资金额约101.8亿美元，并出资20亿美元设立中哈产能合作基金。

中国设立了丝路基金、中拉产能合作投资基金、中非产能合作基金等7家股权投资机构，为共建“一带一路”沿线国家的重要投资项目提供股权投资。2019年11月，丝路基金与澳门金融管理局、意大利存贷款集团和天然气管网运营公司、新加坡盛裕集团、美国通用电气公司等共同成立联合投资平台。2020年4月，亚洲基础设施投资银行宣布设立初始额度为50亿美元危机恢复基金应对新冠肺炎疫情冲击，在未来18个月为亚投行成员申请合格的项目提供资金。亚洲基础设施投资银行考虑使用“项目特别准备基金”为相关成员（特别是受疫情严重影响的低收入成员）提供特别支持。2017年，中国建立“一带一路”PPP工作机制，与联合国欧洲经济委员会签署合作谅解备忘录，共同推动PPP模式更好运用于“一带一路”建设合作项目。

第五节

民心相通 汇智凝心同发展

民心相通是共建"一带一路"的人文基础。享受和平、安宁、富足，过上更加美好生活，是各国人民的共同梦想。七年来，各国开展了形式多样、领域广泛的公共外交、科技、教育、文化、卫生健康、绿色发展和对外援助等交流合作，增进了相互理解和认同，为共建"一带一路"奠定了坚实的民意基础。

一、科技合作持续深化

（一）合作机制不断完善

中国与沿线国家签署46个科技合作协定，发布《"创新之路”合作倡议》，先后启动中国—东盟、中国—南亚等科技伙伴计划，与东盟、南亚、阿拉伯国家、中亚、中东欧共建了5个区域技术转移平台，发起成立“一带一路”国际科学组织联盟。设立“一带一路”科技成果转移转化基金，联合百余家科技型企业和研发机构，发起成立“一带一路”产业联盟，推进科技成果在沿线国家的应用示范和转移转化。实施东盟、南亚、非洲青年科学家创新中国行活动，通过沿线国家青年科学家来华从事短期科研工作以及培训沿线国家科技和管理人员等方式，形成了多层次、多元化的科技人文交流机制。

（二）合作平台日益健全

面向“一带一路”共建国家，结合各国创新及产业发展的实际，鼓励发挥多元化合作主体的作用，积极创新合作模式，重点推进南非、菲律宾和印度尼西亚等国的科技园区合作。通过举办科技园区和孵化器管理建设培训班等形式，积极分享我国科技园区发展经验和模式。召开“一带一路”科技园合作座谈会，发布《“一带一路”科技园区合作实施方案》。

（三）合作形式持续创新

鼓励支持“一带一路”沿线国家产学研机构共建联合实验室，依托清华大学、内蒙古农业大学和南京农业大学立项建设中国—印尼高温气冷堆、中国—蒙古生物高分子应用和中国—肯尼亚作物分子生物学“一带一路”联合实验室，深入开展科研合作、学术交流和人才联合培养等工作。北京科技大学牵头成立“北京科技大学中国‘一带一路’发展研究院”，中国农业大学成立“‘一带一路’农业合作学院”，西北农林科技大学发起成立“丝绸之路农业教育科技创新联盟”等，与菲律宾、印度尼西亚等8个国家启动建立科技园区合作关系。在非洲、南美和中亚、南亚、东南亚等地区创建了9个海外科教中心，成为相关方开展国际合作的平台，吸引了一批重大科研项目，帮助所在国解决了很多民生问题，也提高了当地的科技创新能力。

二、教育培训合作成果丰富

（一）多措并举协同推进国际教育合作

教育部印发《推进共建“一带一路”教育行动》，编制并发布《高等学校境外办学指南》，以国家部委与省（区、市）协同推进为抓手，鼓励高校在“一带一路”沿线地区开展境外办学，教育部与18个省（区、市）签署《推进共建“一带一路”教育行动国际合作备忘录》，与24个“一带一路”沿线国家签署高等教育学历学位互认协议，60所高等院校（含15所职业院校）在23个沿线国家举办85个办学机构和项目，16所高校与沿线国家高校建立17个教育部国际合作联合实验室。

» 案例 3-7

孔子学院迈向全球

孔子学院作为沟通中国与世界的心灵之桥，在促进“一带一路”沿线国家民心相通方面发挥着重要作用。截至2018年底，“一带一路”沿线54个国家设立了153所孔子学院和149个中小学孔子课堂，约占全球孔子学院总数的四分之一。根据“一带一路”沿线国家产业发展和当地需求，开设了“汉语+”相关职业培训课程，并承担起提供咨询、法律、翻译等方面服务的工作。泰国孔敬大学孔子学院创办了高铁汉语培训项目，乌克兰孔子学院为乌航培训本土员工，白俄罗斯孔子学院为入驻中白工业园区的中资企业输送当地汉语人才，匈牙利孔子学院与两国旅游局合作举办“中国游客千人行”活动等。“一带一路”沿线国家的孔子学院通过建立从幼儿园到大中小学、从学历教育到非学历教育，从“零起点”到高端翻译、学术研究以及商务汉语、旅游汉语等系列汉语教学体系，培养培训各类学员204万人，组织各类汉语水平考试1 500万人次，为“一带一路”建设提供了大批精通汉语、了解中国的人才。

（二）职业教育、学历教育齐头并进

教育部、审计署、国家海洋局、国家能源局等10部委及大型国企在“丝绸之路”中国政府奖学金框架下联合开展人才培养专项行动，2019—2020学年向185所高校下达3 085个来华奖学金名额，为沿线各国专项培养行业领军人才和优秀技能人才。高等科研机构通过一系列支持措施推进面向“一带一路”沿线国家的人才培养，如中国科学院整合“一带一路”国际科学组织联盟奖学金，设立“一带一路”硕士生奖学金，2019年招收博士留学生200人，硕士留学生150人，举办培训班19个，培训人员达400人。

（三）援外培训不断拓展

开展援外培训是中国政府实施共建“一带一路”倡议，加强南南合作的重要举措之一。中国始终坚持“授人以鱼不如授人以渔”的援外理念，通过开展援外培训助力发展中国家走上独立自主的发展道路，赢得受援国家的广泛赞誉。党的十八大以来，中国举办各类培训班5 000多期，累计为受援国培养近40万名各类人才，涵盖了工业、农业、医疗卫生、教育、环境保护等多个领域。近年来，中国加大资源投入，丰富课程设置，累计为“一带一路”沿线国家培养了近20万名各类人才。依托上海师范大学、浙江师范大学、西北大学和湖南师范大学举办面向“一带一路”沿线国家和地区的教育官员专题培训班，在巴基斯坦、柬埔寨、泰国、蒙古等地启动鲁班工坊（见图 3–24），向合作国输出中国优质职业教育和优质产品技术；以“中国职业技术教育援外培训基地”为平台，为印度尼西亚、斯里兰卡、坦桑尼亚、赞比亚、肯尼亚等多个发展中国家持续培训产业界、教育界官员和院校骨干教师人才，先后为 113 个国家培训 2 000 多人。

图 3–24　2019 年 2 月，鲁班工坊助力泰国培养铁路人才

三、文化交流合作形式多样

（一）交流合作网络基本成型

中国与 157 个国家签署了文化合作协定，执行文化交流计划近 800 个；90 个国家和地区的 475 家机构加入丝绸之路国际剧院、博

物馆、艺术节、图书馆和美术馆联盟，境外成员单位达320家；在全球设立了40个中国文化中心；丝绸之路沿线民间组织合作网络成员已达310家，覆盖世界主要国家和地区的政府间文化交流与合作网络基本形成。

（二）文化品牌亮点纷呈

成功打造“欢乐春节”“丝路之旅”“青年汉学研修计划”“中华文化讲堂”“千年运河”“天路之旅”“阿拉伯艺术节”等近30个中国国际文化交流品牌，其中仅“欢乐春节”2019年就在全球133个国家和地区的396座城市举办近1 500场活动，参与海外合作方达784家（见图3-25）；举办丝绸之路（敦煌）国际文化博览会、丝绸之路国际艺术节、海上丝绸之路国际艺术节等以共建“一带一路”为主题

图3-25　2016年2月，卢森堡“文化中国·四海同春”迎春晚会

的综合性文化节会，各类文化交流品牌影响力凸显，深受相关国家广大参与者好评（见图 3–26）。

图 3–26 2019 年 11 月，洛杉矶举办成都文化旅游创新活动

（三）文化遗产领域合作更加深入

与柬埔寨、缅甸等 11 个国家签署了 12 份文物安全及文化遗产领域双边协定和谅解备忘录；“丝绸之路：长安—天山廊道的路网”列入联合国教科文组织世界遗产名录；海上丝绸之路联合申遗工作取得积极进展；柬埔寨吴哥古迹、缅甸蒲甘佛塔、尼泊尔震后文物古迹保护修复等重大文化援助工程社会效益显著（见图 3–27）；举办“华夏瑰宝展”“海上丝绸之路主题文物展”等文化遗产展览，有效拉近了“一带一路”沿线民众心与心的距离，为增进彼此理解认同作出了积极贡献。

图 3–27　2018 年 7 月 9 日，中国—柬埔寨政府吴哥古迹保护工作队在柬埔寨吴哥考古公园进行茶胶寺保护修复的结项收尾工作

（四）文化产业合作日益活跃

以“一带一路”建设文化交流机制为依托，开展“一带一路”建设文化贸易与投资重点项目征集活动，培育了一批重点项目。发布《动漫游戏产业“一带一路”国际合作行动计划》，举办“2019 中国文旅产品国际营销年会”论坛、中日韩文化产业论坛、中国—中东欧文化创意产业论坛，实施“中国展区”计划，支持国内文化企业抱团出海，进一步推进与沿线国家文化交流合作和文化贸易发展。

四、卫生健康合作不断深化

中国与有关国家和组织签署 56 个推动卫生健康合作的协议。

2017年8月，“一带一路”暨健康丝绸之路高级别研讨会在北京召开，发布了《北京公报》，成立“一带一路”卫生政策研究网络，成立“一带一路”医院联盟，在前沿医学科技、重大疾病防治、疫苗研发、临床研究等领域开展联合研究和技术攻关。中国与澜沧江—湄公河国家开展艾滋病、疟疾、登革热、流感、结核病等防控合作，与中亚国家开展棘球蚴病、鼠疫等人畜共患病防控合作，与西亚国家开展脊髓灰质炎等防控合作。派遣短期医疗队赴斐济、汤加、密克罗尼西亚联邦、瓦努阿图等太平洋岛国开展“送医上岛”活动。在35个沿线国家建立中医药海外中心，建设43个中医药国际合作基地。在肯尼亚开展健康医疗诊断集成项目，在乌兹别克斯坦投资建设中乌（兹别克斯坦）医药科技城项目。

习近平主席亲自推动抗击新冠肺炎疫情国际合作。疫情发生以来，习近平主席同近50位外国领导人和国际组织负责人通话或见面，介绍中国抗疫努力和成效，阐明中国始终本着公开、透明、负责任的态度，及时发布疫情信息，分享防控和救治经验，阐明中国对其他国家遭受的疫情和困难感同身受，积极提供力所能及的帮助，呼吁各方树立人类命运共同体意识，加强双多边合作，支持国际组织发挥作用，携手应对疫情挑战。

中国在自身疫情防控仍然面临巨大压力的情况下，迅速展开行动，力所能及地为国际社会提供援助。向世界卫生组织提供两批共5 000万美元现汇援助，积极协助世界卫生组织在华采购个人防护用品和建立物资储备库；积极开展对外医疗援助，截至 2020 年 7 月上旬，中国共向 29 个国家派出 31 支医疗专家组，已经或正在向 150 多个国家和 4 个国际组织提供抗疫援助（见图 3–28）；指导长期派驻在 56 个国家的援外医疗队协助驻在国开展疫情防控工作。中国与 50 多个国家开展了远程医疗合作，在线问诊、远程会议为各国医护人员和专家实时交流临床救治经验、分享科研攻关进展提供了新平台，以数字化手段为支撑的“数字抗疫”成为全球抗疫的重要支撑（见图 3–29）。中国同有关国家在溯源、药物、疫苗、检测等方面开展科研交流与合作，共享科研数据信息，共同研究防控和救治策略。科技部、国家卫生健康委、中国科协、中华医学会联合搭建“新型冠状病毒肺炎科研成果学术交流平台”，供全球科研人员发布成果、参与研讨。

图 3–28　2020 年 3 月，中方医疗专家组和援助的防疫物资抵达伊拉克巴格达

图 3–29　2020 年 7 月，钟南山院士等中国专家连线卡塔尔专家交流防疫经验

五、旅游合作逐步扩大

（一）交流活动持续丰富

创办丝绸之路旅游市场推广联盟、海上丝绸之路旅游推广联盟、“万里茶道”国际旅游联盟等；与来自 29 个国家和地区的 89 名会员共同成立世界旅游联盟；举办首届世界旅游发展大会，107 个国家旅游部门提议通过“一带一路”倡议等举措，加强互联互通，提升旅游便利化，推进区域旅游合作（见图 3–30）；举办联合国世界旅游组织第 22 届全体大会，邀请全球 137 个国家和地区以及 41 个国际组织的 1 000 余位代表围绕“一带一路”旅游合作进行交流，并发布《“一带一路”旅游合作成都倡议》。

图 3–30　2016 年 5 月，首届世界旅游发展大会在北京召开

（二）合作成效逐步显现

“一带一路”沿线国家赴中国的游客由 2013 年的 903 万人次增长到 2017 年的 1 064 万人次，中国出境沿线国家的游客由 2013 年的 1 549 万人次增长到 2017 年的 2 741 万人次（见图 3–31）。中国

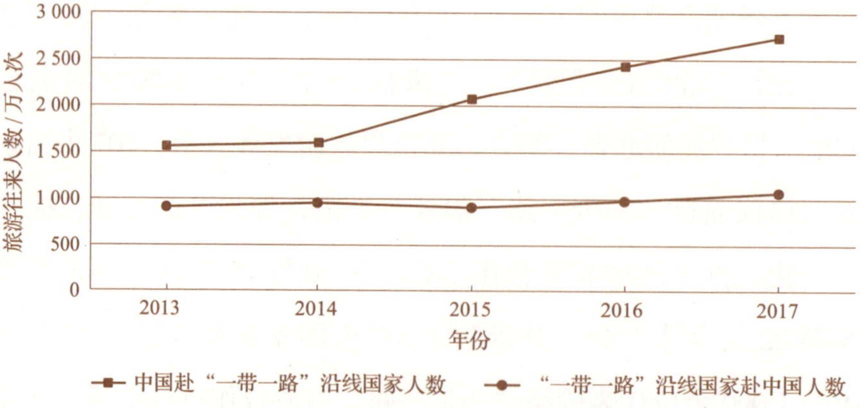

图 3–31　中国和“一带一路”沿线国家国际旅游往来人数

入境旅游收入 1 234 亿美元，其中由“一带一路”沿线国家创造的份额占 16.88%。

（三）合作机制更加健全

2013 年至今，与“一带一路”沿线国家签署了 108 份双边文化和旅游合作文件，建立中国—东盟、中国—中东欧、中俄蒙等一系列双多边旅游合作机制，举办首次中国—东盟旅游部门会议、首次中国—中东欧国家旅游合作高级别会议、首届中俄蒙旅游部长会议、首届中国—南亚旅游部长会议等活动，为深化“一带一路”建设旅游合作工作提供机制保障；先后成立了中国驻曼谷、布达佩斯、阿斯塔纳旅游办事处，指导完成巴黎、悉尼中国旅游体验中心建设；与 57 个沿线国家缔结了涵盖不同护照种类的互免签证协定，与 15 个国家达成 19 份简化签证手续的协定或安排。

六、绿色发展合作稳步升级

（一）绿色发展合作机制逐步完善

中国始终坚持《巴黎协定》，积极倡导并推动将绿色生态理念贯穿于共建“一带一路”倡议。与联合国环境规划署签署了关于建设绿色“一带一路”的谅解备忘录，与 30 多个沿线国家签署了生态环境保护的合作协议，建设绿色丝绸之路已成为落实联合国2030年可持续发展议程的重要路径。成立“一带一路”绿色发展国际联盟，截至2020年，已有133家中外机构合作伙伴，涉及36个国家，发布《“一带一路”绿色发展案例研究报告》。发布绿色照明、绿色高效制冷、绿色走出去三项行动倡议。发布《关于推进绿色“一带一路”建设的指导意见》《“一带一路”生态环境保护合作规划》等文件，推动落实共建“一带一路”的绿色责任和绿色标准。

（二）绿色发展合作项目有序推进

中国在2016年担任二十国集团主席国期间，首次把绿色金融议题引入二十国集团议程，成立绿色金融研究小组，发布《G20绿色金融综合报告》。积极实施“绿色丝路使者计划”，已经培训“一带一路”沿线国家2 000多人次。编写“一带一路”生态环境标准培训教材。举办澜沧江—湄公河水环境监测能力建设活动、中国—东盟应对气候变化政策与行动研讨等培训活动，共有500多名共建国家的环境官员、专家学者参加活动。继续实施“绿色澜湄计划”旗舰项目，举办可持续生态系统管理与区域合作等活动以及“2019澜湄之夜”环境合作主题交流活动。推动中国—柬埔寨环境合作中心建设，推进中非环境合作中心建设，开展“一带一路”绿色供应链相关活动。建成“一带一路”生态环保大数据服务平台，继续完善“一张图”综合数据服务系统。中蒙俄经济走廊生态环保、上海合作组织环保信息共享、中国—东盟环境信息共享、绿色供应链、环保技术国际智汇等5个子平台进展顺利。

（三）绿色发展合作成果丰硕

2019 年 4 月 25 日，生态环境部与国家发展改革委共同主办第二届高峰论坛绿色之路分论坛。共建联盟，大数据平台，继续实施绿色丝路使者计划，成立“一带一路”环境技术交流与转移中心，实施“一带一路”应对气候变化南南合作计划等 5 项成果纳入第二届高峰论坛成果清单，并已制定落实方案，为促进共建“一带一路”绿色发展的后续工作推进提供保障。

（四）积极引导绿色融资

中国作为世界绿色金融的推动者和践行者，始终致力于与共建国家共同推动全球绿色金融发展，不断推动形成发展绿色金融的全球共识，与世界携手发掘绿色金融的巨大潜力。中国绿色信贷占全部贷款余额比例稳步提高，是全球三个建立“绿色信贷指标体系”的国家之一，也是第一个由政府支持机构发布本国绿色债券界定标准的国家。2016 年 9 月，中国作为二十国集团杭州峰会主席国把绿色金融首次列入二十国集团议题，倡议成立二十国集团绿色金融研究小组，该小组提交的《G20 绿色金融综合报告》是全球绿色金融领域的引领性文件。2018 年，中英机构携手发布《“一带一路”绿色投资原则》，来自 10 多个国家的 35 家大型金融机构签署，推动共建“一带一路”投资项目兼具环境友好、气候适应和社会包容等属性，支持联合国可持续发展目标及《巴黎协定》的落实。

七、对外援助合作持续推进

首届“一带一路”国际合作高峰论坛以来，中国向沿线发展中国家提供20亿人民币紧急粮食援助，向南南合作援助基金增资10亿美元。2019年，与32个沿线国家签署了经济技术合作协定，提供无偿援助148.4亿元。在沿线国家实施了100个“幸福家园”、100个“爱心助困”、100个“康复助医”等项目。向亚洲、非洲、拉丁美洲和欧洲的56个国家派出援外医疗队。在冈比亚、纳米比亚、牙买加等国开展“光明行”，累计为相关国家5 200余名白内障患者实施免费复明手术（见图3–32）。在加纳、坦桑尼亚、柬埔寨等国开展“爱心行”儿童先天性心脏病手术义诊。

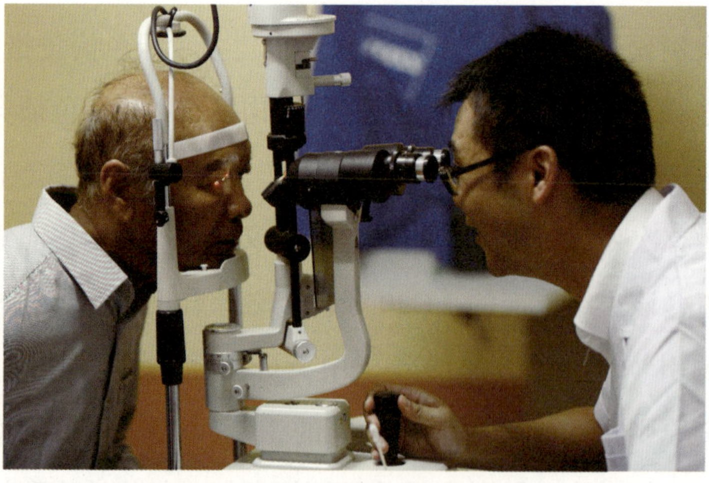

图3–32　2017年5月，“一带一路·侨爱心光明行”活动在缅甸启动，中国医疗队医生为患者做检查

中国在中非、东亚开展减贫惠民合作计划、减贫合作示范项目，在柬埔寨、尼泊尔开展社会组织合作项目，助力改善当地民众生活。积极实施湄公河应急补水项目，帮助沿河国家应对干旱灾害，向泰国、缅甸等国提供防洪技术援助，向老挝等国提供地震监测仪器设备，提高防震减灾能力。开展援外文物合作保护和涉外联合考古合作，截至2020年，已与6个国家开展了8个援外文物合作项目，与12个国家开展了15个联合考古项目。

第六节

产业合作 互利合作结硕果

共建“一带一路”支持开展多元化投资，鼓励进行第三方市场合作，推动形成普惠发展、共享发展的产业链、供应链、服务链、价值链，为沿线国家加快发展提供新的动能。

一、与沿线国家双向投资高质量增长

中国积极与“一带一路”沿线国家和地区开展投资合作，投资领域日趋多元，模式不断创新，成果丰富多样。

（一）对沿线国家投资稳中有进

中国已成为许多沿线国家主要投资来源地，投资合作领域不断拓宽，涵盖加工制造、农林开发、能源资源、物流运输、基础设施等多个领域。2013—2019 年，中国累计在沿线国家直接投资 1 140 亿美元。2019 年，中国对沿线国家新增投资 150 亿美元，对外承包工程新签合同额 1 549 亿美元，对外承包工程完成营业额约 980 亿美元。对沿线国家投资质量不断提高，投资行业日趋多元化。截至 2019 年底，中国境内投资者在沿线国家设立境外企业超过 1 万家，覆盖国民经济 18 个行业大类。2018 年，中国对沿线国家在制造业、批发零售业、电力生产供应、科学研究和技术服务等 4 个行业的直接投资流量实现较快增长，流向制造业的投资占比超过 30%，为 58.8 亿美元，同比增长 42.6%；流向批发和零售业占比超过 20%，为 37.1 亿美元，同比增长 37.7%；流向电力生产和供应业占比近 10%，为 16.8 亿美元，同比增长 87.5%；流向科学研究和技术服务业为 6.0 亿美元，同比增长 45.1%（见图 3–33）。从国别构成看，中国对沿线国家的直接投资流量和存量主要集中在周边国家和地区（见图 3–34、图 3–35）。

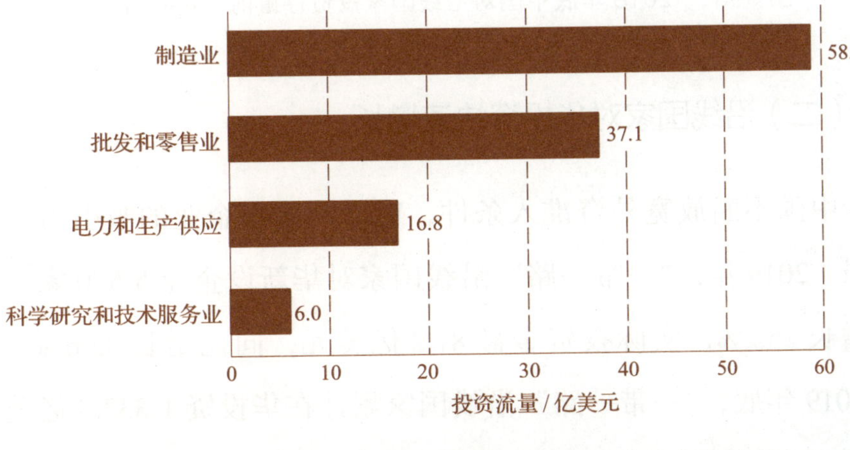

图 3–33 2018 年中国对沿线国家直接投资流量行业分布

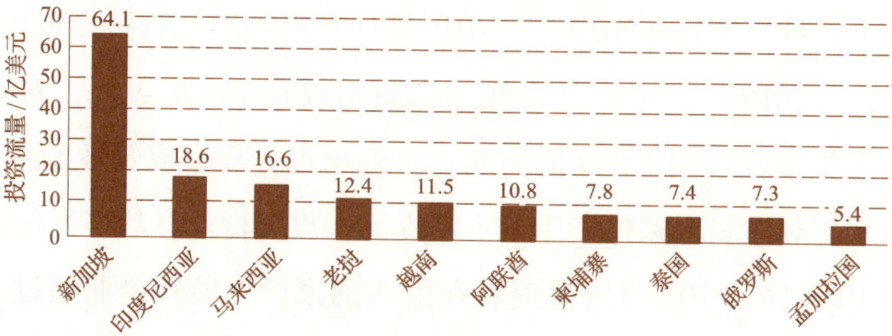

图 3-34　2018 年中国对沿线国家投资流量前 10 位的国家

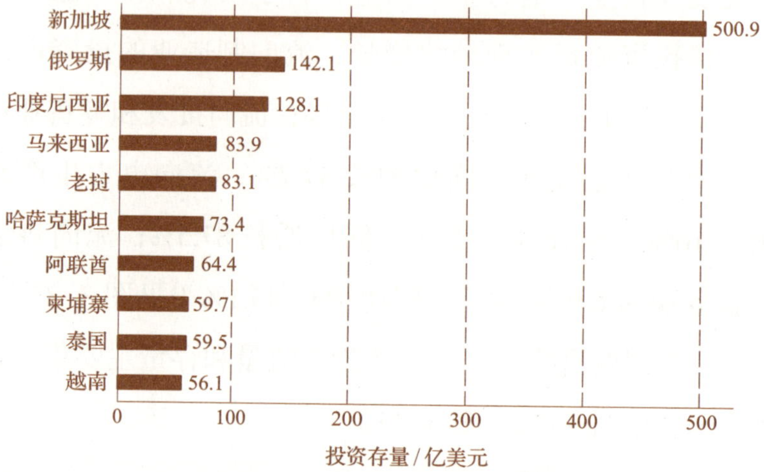

图 3-35　2018 年底中国对沿线国家投资存量前 10 位的国家

（二）沿线国家对华投资快速增长

中国不断放宽外资准入条件，对沿线国家企业的吸引力不断增强。2019 年，“一带一路”沿线国家对华新设企业 5 570 家，同比增长 25.2%，实际投资金额 81.2 亿美元，同比增长 33.6%。截至 2019 年底，“一带一路”沿线国家累计在华投资 1 333.3 亿美元（不含银行、证券、保险领域数据）。

（三）投资便利化举措持续推进

中国不断深化对外投资管理体制改革，出台《企业境外投资管理办法》《对外投资备案（核准）报告暂行办法》，落实“放管服”改革要求，简化备案、核准等管理程序，提高便利度。中国积极创造更有吸引力的外商投资环境，出台《中华人民共和国外商投资法》及其实施条例，为外商投资权益提供更全面、更有利的法治保障。全面实施准入前国民待遇加负面清单管理制度，简化外商投资管理程序。修订外资准入负面清单和鼓励外商投资产业目录，放宽外资准入限制，扩大鼓励外商投资范围。加快与“一带一路”沿线国家开展双边投资保护协定谈判，保护投资者权益。截至2020年6月，中国已与134个国家签署了双边投资协定，并建立了经贸联委会机制和投资合作促进机制，为双方企业开展相互投资和合作提供法律和制度保障。

二、国际产能合作和第三方市场合作稳步推进

2015年，国务院出台《关于推进国际产能和装备制造合作的指导意见》。国际产能合作机制框架不断完善，一批务实项目落地实施。双边层面，中国已与40多个国家签署产能合作文件，建立产能合作机制，开展项目对接。合作领域从传统行业向高端产业发展，高铁、核电、电子信息等高端制造业逐步走出国门，加速带动

装备、技术、服务、标准和品牌走出去，助力沿线国家产业结构转型升级。

中哈（萨克斯坦）产能合作是国际产能合作的示范和样板。中国企业在交通能源基础设施、矿产、冶金、交通、风力发电、跨境物流、旅游业等领域不断扩大投资规模，截至2020年，已形成55个重点项目，总投资额达273亿美元，其中15个项目正式投产，11个项目正在建设，为哈萨克斯坦创造了大量就业和税收，为当地政府和人民带来了实实在在的好处。

多边层面，中国积极参与和引领区域、次区域合作，同东盟、非盟、拉美和加勒比国家共同体等区域组织进行合作对接，开展机制化产能合作，推动发表《中国—东盟产能合作联合声明》《澜湄国家产能合作联合声明》等重要文件，与有关国家共同谋划产能合作的重点领域和重大项目，推动形成开放包容、多方共赢的合作格局。

第三方市场合作是引导推动发达国家参与高质量共建“一带一路”的重要方式。截至2020年6月，中国已与法国、意大利、西班牙、日本、葡萄牙等14个国家建立第三方市场合作机制。中欧第三方市场合作整体效果较好，中方企业通过总分包、联合竞标等方式与欧洲企业开展工程合作、设备采购和共同投资。合作主体更加多元，既有金融企业，也有非金融企业；既有国有企业，也有民营企业；既有中国企业、发达国家跨国企业，也有项目所在国本土企业和国际金融机构。合作平台加快构建，中法第三方市场合作指导委员会、中国新加坡第三方市场合作工作组等机制相继设立运行，西门子股份公司与国家发展和改革委员会一带一路建设促进中心签署《在共建“一带一路”框架下加强合作的谅解备忘录》，中国—意大利、中国—奥地利等一系列第三方市场合作论坛成功举办，成为中外企业交换信息、洽谈合作、达成协议的重要平台。此外，还通过设立第三方市场合作基金为企业务实合作提供服务。例如，国家开发银行、丝路基金与国外金融机构合作设立了第三方共同投资基金。一批早期成果陆续显现：中国中铁与意大利公司实施黎巴嫩大贝鲁特供水隧道项目，让黎巴嫩首都居民全部用上清洁廉价自来水，从此告别桶装水；中国铁建与韩国公司合作执行秘鲁地铁项目，便捷当地民众出行；中国能建与马来西亚、爱沙尼亚企业合作开发约旦油页岩电厂项目，大幅减少碳排放，并创造数千个工作岗位；中国电建与西班牙企业合作建设厄瓜多尔医院项目，有效缓解当地医疗资源紧缺状况；上海电气与沙特、美国企业合作建设迪拜太阳能发电项目，为当地 27 万户居民提供清洁电力。

》案例 3-8

迪拜太阳能发电项目

该项目是迄今世界上规模最大的单体太阳能光热发电项目，采用全球领先的“塔式＋槽式”集中式光热发电技术并配合光伏发电。项目由阿联酋、中国和沙特阿拉伯三国企业联合投资，由上海电气与美国、西班牙公司组成联合体承建。项目建成后，每年能够为迪拜超过 27 万家住户提供清洁电力，实现减排二氧化碳 160 万吨、二氧化硫 11 万吨、可吸入颗粒物 2 900 万吨及氮氧化物 5 万吨。项目建设运营直接创造就业岗位约 4 000 个，间接创造就业岗位超过 1 万个，为促进当地就业和经济社会发展发挥了重要作用。

三、对外工程承包和劳务合作不断深化

对外工程承包是中国企业走出去实施重大项目工程的重要方式。近年来，随着共建"一带一路"走深走实，沿线国家不断调整产业结构、改善投资环境、加大基础设施投入，中国对外工程承包发展也进入了新的高峰期，沿线市场是中国企业新签业务高增长市场。2013—2019 年，中国在"一带一路"沿线市场对外工程承包累计完成营业额 5 478.2 亿美元（见表 3–6）。

2019 年，中国企业在沿线国家新签对外工程承包项目合同 6 944 份，新签合同额 1 548.9 亿美元，占同期中国对外工程承包新签合同额的 59.5%，同比增长 23.1%；完成营业额 979.8 亿美元，占同期总额的 56.7%，同比增长 9.7%，均高于行业总体增速（见图 3–36）。

表 3-6　2013—2019 年沿线市场对外工程承包业务情况

年份	新签合同额 / 亿美元	完成营业额 / 亿美元	新签合同额占比 /%	完成营业额占比 /%
2013	718.6	654.0	41.9	47.7
2014	862.3	643.5	45.0	45.2
2015	926.4	692.6	44.1	45.0
2016	1 260.3	759.7	51.6	47.7
2017	1 443.2	855.3	54.4	50.7
2018	1 257.8	893.3	52.0	52.8
2019	1 548.9	979.8	59.5	56.7

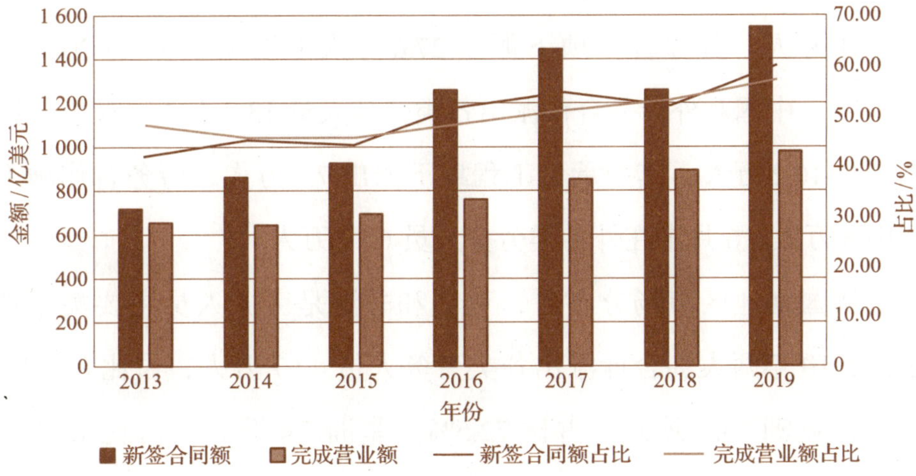

图 3-36　2013—2019 年沿线国家市场工程承包业务走势

从业务领域来看，2019 年电力工程建设和交通运输建设为主要合作领域，其中电力工程建设业务规模 244.8 亿美元，占总业务的25%，交通运输建设业务规模233.3亿美元，占比23.8%。房屋建筑和石油化工项目分别占比17.7%和12.5%。工业建设、制造加工设施业务完成营业额合计73.4亿美元，占比7.4%。

这些年，中国凭借丰富的劳动力资源和较低的用工成本，大力开拓国际劳务市场，劳务输出规模总体不断增长，范围日益扩大。随着高质量共建“一带一路”深入推进，中国对外劳务合作进入新阶段，对外劳务合作的方式日益丰富，呈现出多样化的发展趋势（见表3–7）。

截至2019年12月，中国对外劳务合作业务累计派出各类人员1 000.2万人（见图3–37）。2019年，中国对外劳务合作派出各类劳务人员48.7万人，较上年同期减少0.5万人；其中承包工程项下派出21.1万人，劳务合作项下派出27.6万人（见图3–38）。2020年1—6月，中国对外劳务合作派出各类劳务人员13.3万人，较上年同期减少10.2万人；其中承包工程项下派出7.3万人，劳务合作项下派出6万人。6月末在外各类劳务人员65.9万人。

从国别地区市场分布看，亚洲和非洲是劳务人员主要集中地区，2019年两大洲合计派出各类劳务人员42.7万人，占比87.7%。其中，亚洲35.3万人，占比72.5%；非洲7.4万人，占比15.2%。欧洲、大洋洲、北美洲和拉丁美洲6万人，占比12.3%。2019年，中国派往沿线国家各类劳务人员合计19.3万人，占全部派出劳务人员的39.6%（见图3–39）。

表 3–7　中国对外劳务的主要方式和特点

主要方式	具体分析	特点分析
承包工程带出劳务	单项工程或统包工程，均需承包公司分派项目管理人员、设计人员和施工人员，为工程项目提供各种必需的劳动和服务	具有批量大、组织性强和好管理等特点，是中国目前对外劳务合作的主要方式
同国外雇主签订合同，直接派出劳务	提供劳务方与接受劳务方签署劳务合同。提供不同工种的工人，并配备一定数量的技术和管理人员	这种方式是中国目前对外劳务合作的主要方式之一，受到东道国和业主欢迎
在国外设立企业带出劳务	中国在众多国家设立独资或合资企业，为维持正常运营和管理，中国向这些海外企业派遣经营管理和技术人员	此种方式近年来发展较快，适用于熟练、有技能的高素质劳动力
通过成套设备和技术出口带出劳务	安装人员、调试人员和技术顾问等随成套设备和技术出口前往目的国	发达国家较为常见，目前中国此种方式派出人员数量不大，但随着中国制造业的发展和科技进步，此种方式派出劳务人员将日益增多

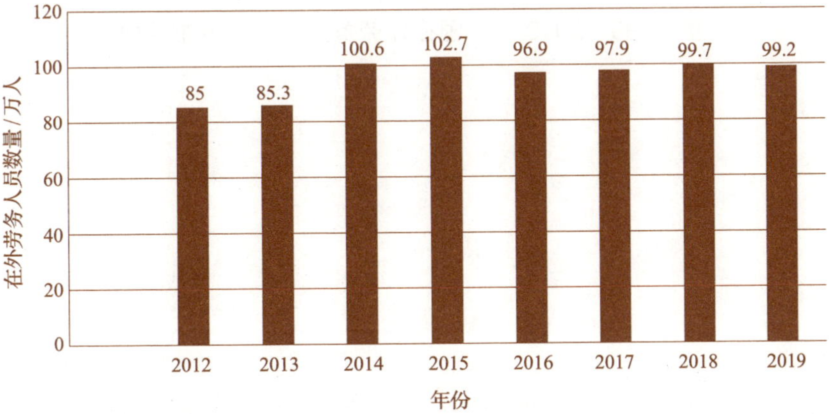

图 3–37　2012—2019 年中国在外劳务人员统计

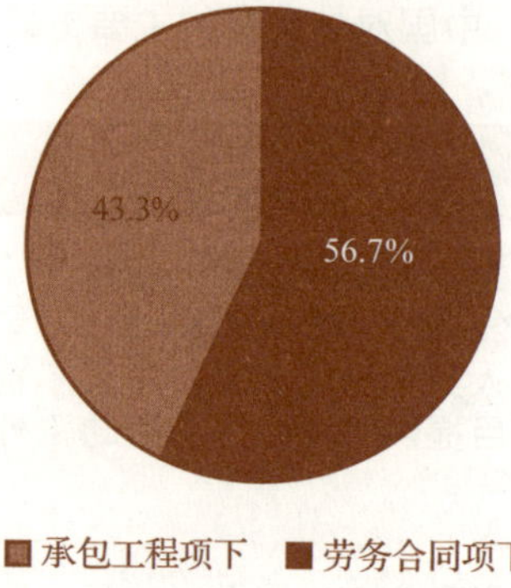

图 3-38　2019 年中国对外劳务合作派出人员结构

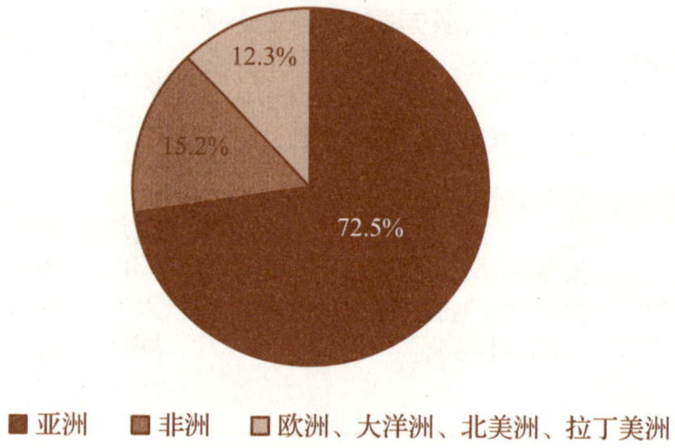

图 3-39　2019 年中国在外劳务人员地区分布结构

学习贯彻习近平新时代中国特色社会主义经济思想

做好“十四五”规划编制和发展改革工作

| 系列丛书 |

第四章

“一带一路”建设面临的新挑战新机遇

今后五年，世界百年未有之大变局深度演化，是我国全面建成小康社会实现第一个百年奋斗目标之后，乘势而上开启全面建设社会主义现代化国家新征程、向第二个百年奋斗目标迈进的第一个五年，“一带一路”建设的外部环境和内部条件将发生复杂而深刻的重大变化。总体上看，当前和今后一个时期推进“一带一路”建设仍然处于重要战略机遇期，长期向好的基本面没有改变，但也面临许多风险挑战，机遇和挑战都有新的发展变化。

第一节

“一带一路”建设在危机中育新机

2020年是全面建成小康社会和“十三五”规划的收官之年，为“十四五”良好开局打下坚实基础的关键之年。新冠肺炎疫情作为百年以来最严重的全球公共卫生突发事件，给包括我国在内的世界各国经济社会运行带来重大冲击。我国面临着两个前所未有的局面，一个是疫情冲击前所未有，一个是经济发展面临的挑战前所未有。国内宏观经济下行压力增大，经济社会发展仍旧存在短板弱项，高质量推进“一带一路”建设面临的不利因素增多。但与此同时，强大的国内市场和制造业转型升级，国家治理体系和治理能力的提升为推进“一带一路”倡议提供了良好经济基础和强大制度保障。

一、经济下行压力增大，地方和企业参与“一带一路”建设受到一定影响

受新冠肺炎疫情影响，世界经济下行压力加大，并逐渐向国内传导，各地财政金融形势不容乐观，地方和企业参与“一带一路”建设将受到一定影响。同时，疫情加剧了“一带一路”沿线国家营商环境恶化，企业境外经营风险显著上升，项目推进速度放缓，获得新项目的难度加大。

（一）世界经济下行压力向国内传导，地方和企业面临困难增多

过去几年，全球主要经济体增长普遍不如预期。考虑到新冠肺炎疫情的影响和冲击，大多数机构持续下调全球经济增长预测。2020年6月，世界银行与经合组织各自发表年中报告，预估2020年全球将经历第二次世界大战以来最严重的经济衰退，两家机构对2020年世界经济增速的预测分别为下降5.2%和6%。美国国会研究处的报告认为，如果新冠肺炎疫情持续，全球经济将下挫10%左右，堪比20世纪30年代的大萧条。当前，美国、欧盟和日本等发达经济体负增长的情况较严重，世界银行预测2020年降幅将分别达到6.1%、9.1%和6.1%；印度和巴西等新兴市场国家疫情形势愈加严峻，全球经济未来的恢复之路道阻且长。

通过价值链、生产网络与贸易网络，我国与全球经济紧密相连，世界经济下行的压力因此也正在向我国传导，由于外需持续疲弱和全球供应链中断，外向型经济占比较高地区的外贸企业发展受影响较大。从外向型经济占比较高地区来看，随着疫情暴发以及抗疫措施而引发的国内外市场沟通受阻，经贸发展受到较大影响，东部沿海等经济外向型程度较高地区承受较大压力，由此导致的失业问题和社会治理问题正在增多。从外贸企业来看，目前普遍面临订单取消或延期、新订单签约困难、物流运输不畅等诸多挑战。特别是对于从事加工贸易的企业，全球经济增长的不确定性不仅影响订单，更影响全球供应链，导致加工贸易所必需的进口原材料和零配件面临断供风险。在这种情况下，一些企业需求疲软、配套不畅，经营收入和利润下滑，企业资金链可能断裂，进而出现停产关闭等情况。

（二）国际营商环境有所恶化，企业参与“一带一路”建设项目的经营风险上升

疫情全球扩散引发了全球范围内财政货币政策、贸易政策调整，部分沿线国家的营商环境有所恶化，企业海外经营风险有所上升。一是随着逆全球化、民粹主义与保护主义抬头，一些国家加强对外资和国外企业的审查限制。过去几年，部分国家贫富差距不断拉大，逆全球化、民粹主义与保护主义盛行，少数国家民粹力量已经上台执政，并通过不利于外国企业的法律，中资企业在相关国家

的经营风险显著上升。二是国际政治形势复杂多变叠加相关国家国内政治动荡或政权更迭频繁，导致一些国家利用外资政策稳定性较差。部分“一带一路”沿线国家过去几年面临内忧外患，国内出现政治动荡和战争风险，导致其营商环境出现较大不确定性，中资企业在相关国家的投资和经营面临较大风险。三是一些国家的法律与规则不符合国际规范，存在对外资过度规制与对内资过度保护的现象。例如，在市场准入标准方面，隐性门槛、投资审查壁垒过高，极大提高了国外企业的进入成本。进口产品的质量标准变化频繁，在制定标准时较少考虑国外企业的意见，增加了国外企业进行生产调整的难度与成本。四是一些国家由于对华竞争和意识形态差异，对我国存在一定的偏见，并对我国国力不断提升保有戒惧防备心理，因此，有针对我国企业进行选择性执法的情况。

（三）疫情外溢效应逐步显现，企业项目推进及获得新项目的难度加大

随着疫情扩散蔓延，许多国家出台严格的出入境管制措施，“一带一路”建设在人员、物资等方面流动往来受限，供应链和物流运输通道遭到冲击，为了控制疫情，沿线国家在一定程度上收缩经济活动，延缓投资项目建设进度，抑制内外商务经贸活动，直接影响企业项目推进及获得新项目。一是出入境管控加强，影响企业境外投资项目推进。受疫情管控政策影响，大部分航班取消，各国普遍采取限制措施，中方派员赴国外参与企业经营管理、技术交

流、人才引进、园区考察、海外合作伙伴及供应商拜访等活动受阻，影响中方企业境外项目推进，部分项目仍处在停工状态，部分已复工项目疫情防控压力大。二是运输与劳务成本增加导致企业生产负担加重。受疫情影响，运输企业未能满负荷开展运作，市场需求大于供应，隔离和管制措施使工程原材料成本和项目劳务人员成本提高，项目的工期和实施成本受到较大影响。三是双向投资促进活动延后或取消。受国际疫情蔓延影响，多个国家采取入境管制、飞机航班取消、旅游警告等措施，一批原计划在境内外开展的招商考察、交流学习、各类展会、人才招聘等活动已全部延后或取消，赴境外国家的招商团组也都取消或推迟，双向投资促进活动受到不同程度影响。

二、经济社会发展存在短板弱项，要求通过高质量推进"一带一路"建设助力国内经济社会发展

新冠肺炎疫情给经济社会发展带来较强挑战，我国经济运行困难增多，重点领域改革仍需加力，社会民生保障压力加大，资源能源短缺局面仍未改变。"一带一路"是互利共赢之路，一方面可以将各国经济更加紧密结合起来，增强各国经济内生动力和抗风险能力；另一方面可以助力国内补短板、强弱项，在全球范围内寻找新机会、开拓新市场，助力有效配置各类资源要素，服务国内经济社会发展。

（一）重点领域改革仍需加力，高质量推进“一带一路”建设助力激发经济发展活力

当前我国经济运行面临较大挑战，行业企业运行困难较多，改革需在重点领域继续发力。一是涉外经济体制推行“放管服”的改革任务依旧艰巨，在完善境外金融服务、保护海外经济利益等方面还有较大提升空间。二是需要创造条件鼓励更多民营企业参与“一带一路”建设。一些民营企业对国际投资风险的识别和应对能力不足，在纷繁复杂的国际环境中抵御风险能力较弱。三是我国国内的市场竞争、科技创新、产业发展与投资管理等方面的政策，与目前通行的国际经贸规则之间还有差距，需要进一步改善营商环境，进一步开拓国际市场，加快推动国内国际经济双循环。

新时代重点领域的改革已经进入深水区和攻坚区，必须坚持以开放促改革、促发展、促创新，通过高质量推进“一带一路”建设，助推更高水平对外开放，进而有效激发我国经济发展活力。一是有利于进一步调整涉外经济体制，支持民营企业改革发展。全面落实放宽民营企业市场准入的政策措施，破除各种隐性壁垒，保障各类市场主体依法平等使用资源要素，支持民营企业参与“一带一路”建设。完善涉企政策制定和执行机制，引导民营企业建立现代企业制度，不断提升企业发展质量。二是有利于推动国有资本投资、运营公司试点取得突破性进展。加快国有经济布局优化和

结构调整，推动混合所有制改革提质扩面，做强做优做大国有资本。三是有利于深化金融改革创新，完善金融市场体系。在“一带一路”建设中加大直接融资力度，支持更多企业利用境外资本市场融资，鼓励科技金融、普惠金融、绿色金融发展，更好服务企业融资。四是有利于深化科技创新体制改革，在“一带一路”建设过程中充分发挥资源和科技的双重优势，补短板、强弱项，培育更多高科技企业，大力推进经济高质量发展，实现经济质量和效率的双提升。

（二）社会民生领域面临较大挑战，高质量推进“一带一路”建设助力稳收入稳就业

新冠肺炎疫情对经济运行和社会民生保障带来较强冲击，我国稳岗位、稳就业和保民生的难度加大，未来几年内我国社会民生领域仍然面临较大挑战。高校毕业生等重点群体就业压力明显加大，东部沿海地区农民工出现返乡苗头，中西部劳务输出地就业压力凸显，部分地区稳岗压力上升，一些地方失业再就业难度加大。

在这种情况下，高质量推进“一带一路”建设，稳住外资外贸基本盘，进一步拓展开放领域、优化开放布局、创新开放体制，有利于缓解国内社会民生领域的压力，加快培育我国国际合作和竞争新优势。一是有利于开拓多元化市场。共建“一带一路”对推动出口市场多元化和稳定我国外贸基本盘发挥关键作用。2020 年以来，“一带一路”沿线国家进出口占我国外贸总额比重继续提高，与

“一带一路”沿线国家的进出口将继续在外贸中发挥重要作用，如东盟已成为我国第一大贸易伙伴。二是有利于优化国内营商环境。在“一带一路”倡议引领下，我国全面实施《外商投资法》及配套法规，继续缩减外商投资准入负面清单，深化服务业、金融业、制造业对外开放，在更宽领域扩大投资合作，构建更加开放的投资环境，吸引国际资源要素有序流入。三是有利于增加就业和稳定收入。推进“一带一路”建设立足服务国内经济社会发展，拓展海外市场与海外项目有利于增加国内劳动者的境外就业机会，拓展劳动者流动就业空间，从而增加居民收入以及为劳动者及其家属提供更好的保障。

（三）能源供求矛盾仍然凸显，高质量推进“一带一路”建设助力能源国际合作

我国是世界第二大炼油国和石油消费国，第三大天然气消费国和最大天然气进口国，原油、天然气对外依存度较高。由国家能源局、国务院发展研究中心与自然资源部联合发布的《中国天然气发展报告（2019）》预计，2050 年前我国天然气消费将保持增长趋势。同时钴、铼等战略资源也主要依赖进口。今后一段时期，我国仍要加强能源国际合作。

“一带一路”倡议提出以来，能源合作项目正在共商共建共享原则的指引下落地生根，我国能源企业走出去的步伐日益矫健，沿线国家实现能源战略对接、推动优势互补的态度愈发积极，我国能

源等基础设施互联互通不断加强。一方面，双多边能源合作持续推进。我国与沿线国家签署系列合作框架协议和谅解备忘录，在电力、油气、核电、新能源、煤炭等领域开展广泛合作，与相关国家共同维护油气管网安全运营，促进国家和地区之间的能源资源优化配置。我国已与29个国家建立“一带一路”能源合作伙伴关系，发布《“一带一路”能源合作伙伴关系合作原则与务实行动》。另一方面，油气管网布局不断完善。中哈原油管道、中国—中亚天然气管道、中俄油气管道和中缅油气管道一并组成我国能源的四大油气进口通道。值得一提的是，在我国天然气管网整体流向“自西向东”的基础上，中俄东线天然气管道的投产，增加了“北气南下”流向，进一步完善了我国东部地区的天然气管网布局，与东北管网系统、陕京系统、西气东输系统互联互通，共同组成纵贯南北、横跨东西、连接海外的天然气管网格局。

三、强大的国内市场和制造业转型升级，为更好推进“一带一路”建设提供坚实国内基础

应该看到，疫情的冲击和影响是阶段性的、总体可控的，改变不了我国发展潜力大、韧性强、经济长期向好的基本面。共建“一带一路”有着坚实的国内发展基础，特别是我国长期发展积累了雄厚的物质、技术和人才储备，具有超大市场规模和充足后发优势，将为“一带一路”建设提供坚实保障。

（一）强大的国内市场带来巨大需求，吸引沿线国家参与"一带一路"建设

我国已经成为全球最大的单一消费市场，传统产业改造提升和新兴产业发展将进一步释放投资需求潜力，我国强大的国内市场已经并将继续为"一带一路"沿线国家提供巨大的市场需求，有力助推其经济发展。目前，我国是世界第二大经济体，GDP 总量占全球总量的比重已超过 16%，人均 GDP 已达 1 万美元，中等收入群体不断扩大，社会消费品零售总额超过 40 万亿元人民币，对外国产品需求也持续增长。我国是全球 120 多个国家和地区的最大贸易伙伴，同时也是世界最大的货物贸易国。随着我国疫情率先得到有效控制和"一带一路"沿线各国疫情状况逐步好转，国际贸易走向复苏，我国市场需求也将出现反弹式增长，间接促进沿线国家的经济恢复。从中长期看，随着我国收入水平不断上升，我国持续增长的市场需求将成为推动"一带一路"沿线国家经济增长的重要引擎之一。

（二）我国制造业转型升级动力强劲，为沿线国家实现产业发展提供巨大空间

我国国内制造业提质升级步伐稳健，正逐步转向高端研发及高附加值零部件制造，而这一历史性的转型升级过程将为"一带一路"沿线国家实现产业发展提供难得的机遇窗口期。日本、新加坡、韩国等

的经济发展经验表明，后发国家实现赶超式发展需要充分发挥自身在各个阶段的比较优势。对于“一带一路”沿线国家而言，低廉的劳动力成本与丰富的自然资源禀赋是其当前发展阶段的重要比较优势。因此，发展以劳动力密集型和资源密集型为主的制造业，是这些国家实现经济跨越式发展的重要途径。根据世界银行《2019 年全球产业链发展报告：全球化世界中的技术创新、供应链贸易和工人》，在全球供应链地位上，2017 年我国实现了对日本的赶超，取代日本成为亚太区域核心。同时，随着我国综合生产成本提高，部分外资企业将生产加工环节从中国转向其他国家，一些沿线国家能够因此获益。以越南为例，随着我国劳动力成本的上升，部分外资开始把加工组装厂从我国转移到越南，韩国三星电子、日本东芝、松下等国际知名企业纷纷进入越南建厂。越南投资计划部数据显示，2019 年，越南预计外商直接投资项目支出 203.8 亿美元，同比增长 6.7%。外商对越南的投资主要集中在劳动力密集型制造业，其中尤以服装制造、电子加工等发展最为迅速。我国产业转型的外溢效应同样辐射印度、印度尼西亚等“一带一路”沿线国家。承接自中国转出的产业，正在成为沿线发展中国家实现经济跨越式发展的重要动力源。

四、国家治理体系和治理能力提升，将为我国推进“一带一路”建设提供更强的制度优势与软实力

制度优势是我国发展的重要优势。中国特色社会主义制度

是党和人民在长期实践探索中形成的科学制度体系，我国国家治理体系和治理能力是中国特色社会主义制度及其执行能力的集中体现。从平稳渡过历次经济危机，到在疫情阻击战中交出一份人民满意的答卷，我们向世界展示了中国国家治理的制度“密码”。

（一）中国特色社会主义制度和国家治理体系的稳定性和延续性，为推进“一带一路”建设高质量发展提供制度保障

中国特色社会主义制度和国家治理体系具有深厚的历史底蕴与强大的生命力。历史实践证明，中国特色社会主义制度和国家治理体系是以马克思主义为指导、植根中国大地、具有深厚中华文化根基、深得人民拥护的制度和治理体系。始终代表最广大人民根本利益，保证人民当家作主，体现人民共同意志，维护人民合法权益，是中国特色社会主义制度和国家治理体系的本质属性，也是我国国家制度和国家治理体系有效运行、充满活力的根本所在。在改革开放的伟大实践中，中国特色社会主义制度保持了较强的稳定性与延续性，国家治理体系和治理能力现代化水平明显提高。此次抗疫阻击战也彰显了中国特色社会主义制度优越性。部分国家各党派争斗不止、相互推诿，导致疫情蔓延，酿成了更加严重的灾难性后果。我国始终把人民的生命健康放在首位，疫情防控过程中政令统一、步调一致，使国内疫情在较短时间内得到有效遏制，保持了社会稳定、人心安定。

新形势下，“一带一路”建设是我国从自身发展需求与全球发展大势出发，扩大全方位对外开放的重要举措。共建“一带一路”倡议的提出映射出我国是一个致力于完善全球治理的负责任大国。目前，共建“一带一路”已完成夯基垒台、立柱架梁的阶段，正在向落地生根、持久发展的阶段迈进。推动共建“一带一路”向高质量发展转变，将开辟“一带一路”建设的新空间。中国特色社会主义制度和国家治理体系的稳定性与延续性，已成为“一带一路”建设高质量发展的制度依托，保障“一带一路”建设有序推进。

（二）我国改革开放与治理能力提升，为“一带一路”沿线国家提供可资借鉴的重要发展经验

坚持改革创新、与时俱进，善于自我完善、自我发展，使社会始终充满生机活力是我国国家制度和国家治理体系的显著优势。我国社会生产力之所以能不断解放和发展，社会活力之所以能持续释放和增强，就在于坚持正确改革方向，坚持改革创新、与时俱进。改革开放以来，我们不断扩大对外开放，把社会主义制度和市场经济有机结合起来，既充分发挥市场在资源配置中的决定性作用，又更好发挥政府作用，极大地解放和发展了社会生产力，释放了巨大的社会活力。40 多年的改革开放有力推动中国特色社会主义制度和国家治理体系在革除体制机制弊端的过程中不断走向成熟。随着全面深化改革向纵深推进，改革开放与治理能力现代化提升为我国在国际竞争中赢得更大的比较优势，展现出更为旺盛的生机活力，同

时更为世界其他国家特别是发展中国家的发展方式提供了经验借鉴。

（三）我国的经济社会发展与持续稳定，增强了“一带一路”对沿线国家的吸引力与影响力

新中国成立 70 年来，中国共产党领导人民创造了世所罕见的两大奇迹。一是经济快速发展。新中国成立前，我国是积贫积弱的落后农业国，人均 GDP 只有几十美元。新中国成立 70 年后，我国已经发展成为制造业第一大国，跃升为世界第二大经济体，综合国力、科技实力、国防实力、文化影响力、国际影响力显著提升，人民生活显著改善，用几十年时间走完了发达国家几百年走过的工业化进程。二是社会长期稳定。我国长期保持社会和谐稳定、人民安居乐业，成为国际社会公认的最有安全感的国家之一。新中国成立 70 年来，特别是改革开放 40 年来和党的十八大以来，我们国家既经历了巨大的经济社会变迁，也经受了不少重大考验。在党中央坚强领导下，依靠全国各族人民共同努力奋斗，我们党和国家不但顺利渡过了这些难关，持续保持了国家政治和社会稳定大局，而且取得了一系列重大成就。

我国经济社会的持续稳定发展对“一带一路”沿线国家产生巨大吸引力与影响力，持续不断的对接热潮充分表明，“一带一路”倡议同沿线国家的发展需求高度契合，共建“一带一路”的“朋友圈”越来越大，“一带一路”倡议已经成为广受欢迎的国际公共产品。当前逆全球化和贸易保护主义思潮盛行，世界经济发展的不确

定性增强，面对严峻的全球性挑战，“一带一路”建设秉持共商共建共享原则，体现相互尊重、公平正义、合作共赢的国际合作观，支持多边主义和开放型世界经济，是各国携手应对时代挑战的一条有效路径，也顺应了各国尤其是发展中国家求发展的强烈愿望，中国经济社会发展丰富的实践成果也将为各国应对新形势下的各种挑战贡献中国智慧，成为推动构建人类命运共同体的重要实践平台。

总的来看，今后一段时期，我国发展面临的危与机同生并存，克服了危即是机。在看到困难和挑战的同时，我们更要看到，疫情的冲击和影响都是阶段性的、总体可控的，改变不了我国发展潜力大、韧性强、经济长期向好的基本面，改变不了推进“一带一路”建设“朋友圈”持续扩大的必然趋势。我们要敢于直面挑战，坚定发展信心，增强发展动力，维护和用好我国发展重要战略机遇期，当前难关一定能闯过，中国的发展必将充满希望。

第二节

“一带一路”建设于变局中开新局

当前，我国正处于中华民族伟大复兴战略全局与世界百年未有之大变局同步交织、相互激荡的关键时期，外部环境和内部条件都在发生深刻变化，新冠肺炎疫情对世界政治经济格局产生重大影响，“一带一路”建设面临更加纷繁复杂的外部环境。全球化遭遇逆流、世界经济面临衰退、大国竞争博弈加剧、非传统安全与传统安全风险高企、新冠肺炎疫情呈现常态化长期化态势，“一带一路”建设面临新的挑战。与此同时，国际经济循环重构、产业分工调整带动供应链价值链深刻变化，国际经贸规则面临调整重构，世界文化文明体系多元化共存深刻转变社会活动方式，站在新的历史起点上，“一带一路”建设高质量发展充满新机遇。总体上看，和平与发展仍然是时代主题，经济全球化大势难以逆转，推进“一带一路”建设仍然处于重要战略机遇期。

一、大国竞争博弈加剧，共建“一带一路”的国际环境将进一步复杂化

当前，世界政治经济格局大发展大变革大调整态势更加显现，新兴市场国家和发展中国家的群体性崛起速度之快前所未有，发展模式和道路交织碰撞，中美经贸摩擦向多领域蔓延，“一带一路”建设面临日趋复杂的国际政治环境。

（一）世界政治经济格局深刻调整，给“一带一路”建设带来新的不稳定因素

进入 21 世纪以来，世界政治经济格局处于深刻剧烈调整过程中。尽管世界多极化趋势向纵深发展，国际力量对比朝着有利于世界和平与稳定的方向演化，但更加平衡稳定的世界新秩序尚未形成，传统世界格局中的旧问题与新格局中出现的新矛盾相互交织，加之国际地缘政治冲突此起彼伏，霸权主义和强权政治依然时有反复，世界发展面临新的不稳定因素。

全球化在优化资源配置、提升经济增长速度、传播新技术新文化的同时，也冲击传统经济模式、侵蚀传统文化、动摇传统社会，诱发国际政治社会思潮深刻演变，民粹主义、孤立主义、贸易保护主义严重抬头。资本得以在全球范围内优化资源配置，使一些国家

在全球化进程中取得优势地位的同时，也使另一些国家滑向“边缘”地带，发展不平衡的现象日益显现。

在这一背景下，部分国家出现贫富分化日益突出、难民潮冲击、社会撕裂等情况。这种情势不仅导致第二次世界大战后建立起来的“自由国际秩序”陷入困境，也可能使国际秩序进入一个再全球化、再意识形态化、再国家化的“逆周期”状态。发达国家发展遭遇诸多阻滞，内部分裂凸显，政党极化严重、种族矛盾尖锐、贫富差距扩大，国际领导力受到沉重打击。相比之下，新兴经济体发展迅速，综合国力迅速上升，国际影响力逐步提高，成为国际秩序的坚定维护者。

我们也应该看到，当前和今后一个时期，虽然世界仍面临激烈竞争乃至局部冲突，全球范围内贫困尚未彻底根除，但是和平与发展仍是时代主题，共建“一带一路”的国际政治经济环境相对稳定。第二次世界大战结束后，在世界各国人民共同努力下，大战的胜利成果和战后形成的国际秩序得到维护，旧的殖民体系土崩瓦解。美苏冷战退出历史舞台，两大阵营相互对立的两极格局和两个平行市场随之瓦解。进入21世纪，冷战结束初期“一超独霸”的国际格局严重失衡状况已经明显改观。殖民主义、霸权主义的老路在当今世界不但走不通而且必然会碰得头破血流，任何国家或国家集团都再也无法单独主宰世界事务，和平力量的上升远远超过战争因素的增长。全球大市场不断整合壮大，经济全球化进入加速发展的新阶段，各国相互联系和相互依存已经达到前所未有的广度和深度，世界各国越来越成为你中有我、我中有你的命运共同体，和平、发展、合作、共赢的时代潮流更加势不可挡。世界各种力量之间，既相互依赖又相互制约，既相互合作又相互竞争，既推动双边和区域合作又关注多边舞台。这些变化在客观上共同推动国际关系民主化的发展，推动国际关系朝着公正、合理的方向演变。

（二）新兴市场国家和发展中国家崛起导致国际力量对比演变，全球反对霸权主义和强权政治、维护世界和平与稳定的愿望强烈

19 世纪末期以后，发达国家与发展中国家的差距逐步拉大，这种态势持续到 20 世纪 90 年代初，此后发生转折性变化。按照国际货币基金组织测算，1992 年发达国家 GDP 占全球比重达到 83.6% 的峰值后出现稳定下行趋势，预计 2024 年将降至 56.2%；同期新兴市场国家和发展中国家 GDP 占全球比重则从 16.4% 升至 43.8%。

进入 21 世纪以来，国际形势和力量对比不断朝着有利于和平与发展的方向演变。一大批新兴市场国家和发展中国家群体性崛起，在国际事务中的话语权和影响力明显增强，在全球治理中发挥的作用上升，打破了数百年来由西方少数国家垄断国际事务的局面，深刻地改变着世界地缘政治格局和地缘经济版图，成为牵动国际关系和国际格局调整的重要因素。2008 年国际金融危机爆发后，世界经济增长分化特征明显，新兴市场国家和发展中国家整体实力

进一步提升，通过二十国集团、金砖国家等机制，以及国际货币基金组织、世界银行份额和投票权改革，在全球经济治理中的制度性话语权显著增强。联合国开发计划署发布的《2013 年人类发展报告》指出，南方国家崛起的规模和速度史无前例，其中，在过去 20 年内我国和印度实现人均产值增加 2 倍，所惠及的人数约为工业革命时的 100 倍，南方国家的崛起正以 150 年以来从未有过的方式走向新的平衡。

新兴市场国家和发展中国家实现了群体性崛起，中国、印度、俄罗斯、巴西等新兴市场国家在全球经济增长中发挥越来越大的作用，而发达国家占全球 GDP 的比重显著下降。国务院发展研究中心 2018 年底发布的《未来国际经济格局变化和中国战略选择》报告预测，2035 年发展中国家 GDP 将超过发达经济体，在全球经济和投资中的比重将接近 60%。这意味着全球经济增长的重心将进一步移向以我国为代表的新兴市场国家，再外溢到其他发展中国家和地区，世界将更加平衡和多元。

随着全球力量对比格局发生变化，各国对坚持共商共建共享原则，以制度化、规则化方式公正合理有效地解决国际事务的诉求越来越强烈。这些都成为反对霸权主义和强权政治、维护世界和平与稳定的重要支撑。未来，在多边贸易体制改革和新的国际经贸规则形成中，新兴市场国家和发展中国家必将发挥更加重要的作用。新兴市场国家和发展中国家的群体性崛起，推动国际力量对比发生巨大变化，国际政治多极化趋势深化，全球治理朝着更加公正合理的方向演进。

（三）多种发展模式和发展道路并行带来新的不协调因素，全球治理体系与治理能力的竞争加剧

从历史唯物主义角度看，人类社会发展是连续性与阶段性的统一。东欧剧变和苏联解体终结了两大阵营对峙局面，西方发达国家抛出了以新自由主义理论为基础的“华盛顿共识”，其倡导的发展道路和发展模式逐步占据全球主导地位。为实现经济社会快速发展，很多发展中国家选择了自由市场经济。然而，“休克疗法”导致俄罗斯和部分中东欧国家经济社会发展大幅倒退，过度市场开放和金融自由化使得不少新兴经济体在 1997 年、1998 年的亚洲金融危机中遭遇重创，很多接受西方价值理念和发展模式的拉美国家仍陷于“中等收入陷阱”。特别是 2008 年始发于美国的国际金融危机和其后的欧洲主权债务危机，更加暴露了由自由市场经济引发的产业空心化、金融过度膨胀、收入分配不均等结构性问题，国际社会对这一发展模式的批评不断增加。陷于危机的西方发达国家，也不得不更多发挥政府作用，实施力度空前的金融救援和经济刺激计划。

在治理体系和治理能力的竞争中，有关“民主与非民主”“西方与非西方”的争论仍会时隐时现，但全球性的文明交流和人员往来已形成多元化潮流，并进一步模糊和消解传统的观念对立。在这一背景下，非此即彼、集团式的两极对立状态并不具备充分的意识

形态基础。疫情期间出现的国际关系互动，尤其是大国竞争更多地以舆论交锋的形式出现，这不仅意味着围绕规则和话语权领域的斗争趋于激烈，也表明修复政治互信并探讨建立新的博弈规则将是疫情后国际政治的最大需求。

二、全球化遭遇逆流、国际经贸规则面临重构，“一带一路”建设参与全球经济治理面临挑战和机遇

当前，世界经济总体呈现竞争优势重塑、经贸规则重构、力量格局重组的叠加态势，保护主义、民粹主义、逆全球化趋势日渐显现，全球治理体系与国际形势变化的不适应、不对称前所未有，在更广范围、更宽领域、更深层次对“一带一路”建设提出了更高的要求。

（一）逆全球化趋势逐渐加剧，对“一带一路”建设参与全球经济治理提出更高要求

当前，国际贸易与投资增长低迷，单边主义、贸易保护主义抬头，世界经济增长动力不足，特别是发达经济体增长乏力，劳动生产率下降、产业结构失衡、贫富分化、人口老龄化等内部结构性问题加剧，英国脱欧等“黑天鹅”事件频发，部分国家将这些问题归因于全球化，导致逆全球化思潮抬头和民粹主义兴起，逆全球化风潮持续发酵，在世界范围内涌动，近年来呈加剧趋势。2008 年

国际金融危机之后全球发展失衡，不同经济体增长分化加剧，国际经济力量对比发生深刻演变，现有全球化体系包容性不足，全球治理体系改革滞后，加剧了逆全球化势头。而逆全球化又进一步导致全球贸易下滑、投资增长速度下降，国际经济和全球治理产生诸多不确定、不稳定因素。逆全球化趋势揭示出既有全球化发展模式的弊端，即规则制定、资源分配等多方面的失衡问题及其产生的负面影响，对反思、探索和引导新模式下的全球化具有重要意义，也对新全球化时代的国际经济治理体系提出更高要求。从中长期看，经济全球化大势难以改变，仍将在曲折中推进，市场经济具有在更大范围配置资源的内生动力，全球产业分工对经济全球化具有强大诉求。

“一带一路”倡议是倡导新全球化的中国倡议。“一带一路”建设以“五通”为重点，将为沿线国家经济深度互动创造条件，这为经济全球化发展增添新动能，也成为世界多极化时期全球化转型的基础。在逆全球化趋势加剧形势下，共建“一带一路”倡议一方面能够保持贸易投资自由化、便利化的发展定力，确保全球产业链、供应链、价值链稳定；另一方面可以推动经济全球化向更包容、更可持续的方向发展，更加均衡配置全球市场资源，让更多国家和地区分享更多经济利益，让广大发展中国家更好地参与全球分工，遏制逆全球化扩张势头。同时，“一带一路”倡议促进沿线国家充分交流合作，加强历史文化认同，推动全球开放合作、同舟共济、权责共担、成果共享，顺应全球治理体系变革的内在要求，积极探索全球治理新模式。

（二）国际经贸规则面临重构，为“一带一路”建设参与全球经济治理提供机遇窗口

当前，以世贸组织为核心的多边贸易体制受到挑战，世贸组织框架下争端解决、谈判、政策审议等主要机制遭遇阻碍，全球经贸规则出现重大调整，现有多边贸易体系遭到冲击，多边贸易体制的权威性和有效性受到严重挑战。

一是国际经贸规则碎片化、圈层化、排他性程度提升。随着国际多边贸易体制的有效性和权威性降低，区域主义浪潮迅猛发展，以《跨太平洋伙伴关系协定》（TPP）、《全面与进步跨太平洋伙伴关系协定》（CPTPP）、《美墨加三国协议》（USMCA）为代表的区域性自贸协定相继出台。《美墨加三国协议》中甚至出现了专门针对我国的“毒丸”条款，体现出极强的排他性特征。二是贸易保护主义加剧，世贸组织实质性作用下降。由于利益分化严重以及贸易保护主义的干扰，世贸组织谈判迟迟难以推进，争端解决机制陷入停顿，影响各国对多边贸易体制的信心。三是传统贸易投资规则和治理能力落后于形势发展需要。当前，世界范围内新一轮科技革命和产业变革深入推进，传统的经贸规则和治理能力严重落后于形势发展的需要。世贸组织多边贸易谈判在推进数字贸易以及环境、劳工等议题方面面临较多分歧，难以有效达成协定。以《自由贸易协定》（FTA）为代表的区域性自贸协定在这些问题上虽然偶

有涉及，但是对数字跨境传输、存储等领域至今尚未达成系统性的协定。

国际经贸规则重构使我国参与全球治理与区域合作面临新的压力，但同时也为更好地将共建“一带一路”倡议融入全球经济治理提供了难得的窗口期。一方面，长期以来，发达国家在国际经贸规则制定中具有主导地位，原有国际经济秩序和国际经贸规则体系在某种程度上照顾了发展中国家的利益要求，但根本上仍然体现发达国家的利益。2008 年国际金融危机后，各国积极参与全球治理和相关经贸规则的制定，以金砖国家为代表的新兴市场国家和发展中国家积极参与制定国际规则，以求摆脱长期处于规则制定和话语权边缘化的局面。随着我国经济实力的快速提升以及与世界经济的不断融合，各国对我国在国际经贸规则制定中发挥更大作用抱有期待。另一方面，多双边贸易协定成为构建国际经贸新体系的重要平台，高标准广覆盖的国际贸易投资规则逐步成型，既抬高了我国参与经济全球化的门槛，也进一步推动我国适应并融入全球经济治理体系，为我国构建以共建“一带一路”倡议为主线的国际经贸规则新体系提供了难得的历史机遇。当前，加强区域合作、推进多边主义的声音在国际社会仍是主流，国际社会期待更有责任心的大国来承担更大的使命，推动全球治理体制和国际规则更加公平公正合理，构建和平发展新范式。

为此，我们应以共建“一带一路”为引领，推动贸易和投资自由化便利化，坚定维护以世贸组织为核心、以规则为基础的多边贸易体制，旗帜鲜明抵制保护主义，深度参与世贸组织改革，推动《区域全面经济伙伴关系协定》（RCEP）早日签署，加快推进中日韩等自贸谈判。支持世界卫生组织在应对突发公共卫生事件、健全完善全球公共卫生治理机制中的核心作用，引导经济全球化朝着更加开放、包容、普惠、平衡、共赢的方向发展。

（三）全球治理体系与国际形势变化的不适应、不对称前所未有，共建“一带一路”倡议为全球治理体系变革提供中国方案

20世纪上半叶，人类接连经历了两次世界大战的苦难，痛定思痛，建立了以联合国为主体，包括国际货币基金组织、世界银行、世界贸易组织、世界卫生组织、世界知识产权组织、世界气象组织、国际电信联盟、万国邮政联盟、国际移民组织、国际劳工组织等机构的全球治理框架。联合国作为世界上最重要、规模最大的政府间国际组织，在维护国际安全、人类发展、世界人权和社会正义等方面，无论是过去、现在还是未来，都持续发挥着无可替代的重大作用。国际货币基金组织、世界银行、世界贸易组织等全球治理机构为稳定世界经济、加强宏观政策协调、共同应对人类面临的重大难题方面持续作出重要贡献。伴随着全球治理中一系列新问题新挑战的出现，以二十国集团、金砖国家合作等为代表的治理机制不断补充和完善全球治理体系的内涵和功能，为解决国际和地区重大问题提供了新方案。

全球治理框架的建立为战后世界70多年的和平与发展奠定了重要基础，标志着人类社会迈出了重要一步。当前，虽然这一体系的基本架构仍在发挥有效作用，但是诸多机制、规则和运作方式既无法适应国际力量对比的变化，也难以适应经济全球化深入发展的要求，还不能适应国际社会共同面对的新问题和新挑战，正在发生深刻调整。一是全球治理体系亟须增加新兴经济体话语权。当前全球治理体系的话语权仍由发达国家牢牢把持，二十国集团虽然在全球治理中发挥着重要作用，但很多新兴经济体的利益仍未被充分考虑；国际货币基金组织等国际组织依然由发达国家掌控，但发达国家却不愿承担相应义务。随着新兴经济体和发展中国家崛起，增加其全球规则主导权和话语权的呼声日趋强烈。二是全球经贸规则面临多边、双边、诸边主导之争。当前，各方均在积极争取世贸组织改革的主导权，同时为追求规则制定的效率和约束性，也在积极推动诸边和双边经贸谈判，加快自贸区商签进程。多边贸易规则正在经历第二次世界大战结束以来最深刻的变革，电子商务、补贴政策、知识产权、竞争政策等边境后规制领域成为谈判交锋的重点，反映经济全球化深入发展的要求和趋势。三是气候变化、金融安全、能源安全、公共卫生安全、网络安全等非传统安全问题日益凸显，相关领域的合作机制、合作规则和合作网络加快构建与完善，国际社会携手应对日益增多的挑战已成必然趋势。四是恐怖主义威胁未除，地区冲突战火难息。总的来看，全球治理体系与国际形势变化表现出前所未有的不适应与不对称性。这种不适应、不对称进而演变为个别西方国家的保护主义、单边主义、霸权主义，这股逆流扰乱全球治理，威胁世界和平稳定。

共建“一带一路”倡议为全球经济治理体系变革提供了务实的中国方案，为广大发展中国家提供了一种新型区域经济合作选择，通过促进基础设施互联互通和区域市场融合，使各国充分发挥资源禀赋，更好融入全球供应链、产业链、价值链，实现协同发展。“一带一路”沿线国家共同构建起一个新全球化的网络，在逆全球化趋势下，构筑起防波堤和避风港，搭建起多边合作、多边共享、多边共担的发展新模式。同时，包容互鉴的理念和精神充分尊重各国发展道路和模式的选择，不断促进不同文明间的交流对话，求同存异、兼容并蓄、和平共处、共生共荣，提供了解决文明冲突的钥匙。共建“一带一路”倡议提出要发挥好现有的合作机制和平台的作用，不另起炉灶或另搞一套新机制，不仅不会与现有的合作机制和平台产生竞争或冲突，反而能够起到补充和强化的作用。我国倡导国际金融多元发展，发起设立的亚投行和丝路基金已成为现有国际金融体系的有益补充。我国倡导与沿线各国开展经贸投资务实合作，积极推动与相关国家和地区开展自贸区谈判，为全球贸易和跨国投资发展提供新的有利条件。在全球性公共产品供应不足的情况下，我国以“五通”为主要内容和有力抓手，将自身资本、技术和优质产能与各国发展经济的现实需求衔接，推动沿线国家发展经验互鉴和发展资源共享，不断扩大利益契合点和交汇点，把世界多样性和各国经济互补性和差异性转化为现实的发展动力和活力，为构建人类命运共同体提供强力引擎。

（四）民粹主义及其滋生的保护主义重新抬头，为全球治理带来新的不确定因素

全球治理的重要基础是国家治理，特别是在全球治理中发挥主导作用大国的国家治理。近年来，欧美一些国家出现民粹主义浪潮表明这些国家的国内治理出了问题。面对内部矛盾，一些国家不是通过缩小分歧、凝聚共识来解决问题，而是试图通过激发民粹主义向外部世界转移矛盾，通过发起贸易保护主义、推卸国际责任缓解国内危机。这些做法对推进全球治理构成巨大挑战。如果一味强调发展道路及其蕴含的意识形态分野，事实上将进一步加剧国家冲突的可能，同时让冲突变得难以妥协。

一方面，保护主义再次抬头使自由贸易理念边缘化，多边贸易体制短期内较难实现实质性突破，阻碍了全球治理体系改革进程。历史经验表明，实施贸易保护主义的一方，无一例外地会遭受对手方的反制，最终的结果往往是双输。少数国家升级经贸摩擦、提高关税水平，滥用国内法开展单边贸易调查，相关国家不得不采取相应措施，导致全球经贸秩序紊乱，阻碍全球经济复苏，殃及各国企业发展和人民福祉，使全球经济落入“衰退陷阱”。保护主义以及相关的投资限制、技术封锁、金融压制等，还将导致全球供应链成本增加，影响供应链的稳定和安全。

另一方面，保护主义重新抬头，逆全球化趋势有可能加速。

从规则制定到国际产业体系分工，全球化在世界市场和有关国家内部收入分配体系的不平衡、不均衡、不平等问题，是导致保护主义兴起的直接诱因。此外，移民问题也是推动逆全球化浪潮的原因之一。移民问题带来的一系列政治、经济、社会安全隐患，使得民众不安全感增强，导致移民接纳国民众将矛头指向经济全球化。

“一带一路”沿线国家发展诉求强烈，“一带一路”框架下各国可以依据自身优势平等参与，在共商共建共享中提升自身发展能力。未来，“一带一路”建设巨大的发展潜力、和谐的合作诉求、日益完善的合作机制，将为沿线国家创造出巨大的贸易投资机会，在造福沿线国家的同时，有力对冲保护主义、民粹主义重新抬头带来的不利影响。

三、全球经济可能步入衰退期，沿线国家经济金融风险凸显

国际金融危机深层次影响仍未消除，新冠肺炎疫情冲击导致世界经济大概率陷入严重衰退，产业链供应链循环受阻，贸易投资大幅萎缩，大宗商品和金融市场动荡，“一带一路”沿线国家经济社会发展受挫，部分风险隐患集聚，“一带一路”建设国际经济环境更趋复杂。

（一）全球经济衰退风险显著上升，沿线国家经济普遍陷入衰退

2008年国际金融危机之后，全球经济复苏乏力、增长动能不足，贸易保护政策和量化宽松政策所导致的全球经济和金融市场不确定性也逐渐显露出其负面影响。2020年新冠肺炎疫情的全球大流行使本已脆弱的全球经济雪上加霜。“一带一路”沿线国家深度融入全球贸易链和产业链，经济深受全球经济波动影响，在多重外部冲击下，普遍出现经济衰退情况。

具体来看，一方面，“一带一路”沿线国家经济外部性特征明显。因国内资本积累不足、技术实力薄弱，外国直接投资对部分沿线国家经济发展至关重要，大部分国家对外贸和外国资本依赖度较高，受贸易保护政策影响较大。另一方面，外部需求萎缩、大宗商品价格跌至低位以及全球资本流动减缓，成为沿线国家经济增长的主要掣肘。疫情显著拖累全球经济增长，并从需求端、生产链、供应链、资金链等环节冲击沿线国家对外贸易和吸收外资，部分国家面临较强资本外流风险。同时，在外需大幅萎缩的情形下，国际能源价格将带动大部分大宗商品价格震荡下行，对中东、中亚等主要能源出口国造成不利影响。

与此同时，全球主要经济体持续推动量化宽松政策，但是因避险情绪强烈，资本外流压力加大，沿线国家面临较大的货币贬值压力，政策空间受限。沿线国家财政平衡和债务负担恶化，实体经济

发展受挫，部分国家金融体系处于脆弱状态。新冠肺炎疫情冲击带来的经济下行压力将使沿线国家财政收入受创，公共卫生和经济救助支出压力上升，沿线各级政府赤字率和负债率普遍上升，特别是部分深受政治风险和经济结构失衡困扰的国家，因债务负担沉重、缓冲能力薄弱，国家财政体系和金融体系系统性风险显著上升。

（二）全球经济发展失衡，成为“一带一路”建设面临的深层次挑战

经济全球化是一把“双刃剑”，既带来了巨大的正效应，也难以避免会产生一些负效应。正效应主要体现在增长方面，负效应主要集中在分配问题上。当前，世界范围内反经济全球化思潮泛起，逆全球化行为此起彼伏，给全球经济实现强劲、可持续、平衡、包容增长带来新的不确定影响。发达经济体在经济全球化中处于主动和强势地位，其获益要大于新兴经济体和广大发展中国家。部分发展中国家由于过度开放，使得其产业发展高度依赖国际市场，金融体系也完全暴露在国际游资冲击的风险之下。过去 30 年，最富国和最穷国人均 GDP 差距扩大近 120 倍。

经济全球化的负效应是市场失灵在世界范围内的体现。冷战结束后的经济全球化，主要由发达经济体、跨国公司在“华盛顿共识”指导下主导推动，过度强调市场作用而忽视政府作用，在规则层面重自由而轻监管，在目标层面重效率而轻公平，国际上不能充分考虑发展中国家的利益诉求，在国内不能充分考虑低收入群体的

利益诉求。结果是，全球治理体系难以反映新兴市场国家和发展中国家的要求，全球金融治理难以化解市场频繁动荡、资产泡沫积聚等问题，全球发展治理难以满足低收入群体特别是贫困人口的需要。这是经济全球化在分配问题上的负效应持续累积的根源。

目前，世界各国在经济再平衡上难以达成共识，发达国家仍依赖超宽松货币政策转嫁危机。同时，“一带一路”沿线国家区域分布广，政治经济社会情况差异大，各国经济形势和利益诉求存在差异。

（三）保护主义无法从根本上逆转全球化进程，“一带一路”建设助力经济全球化迈向更高水平

当前，保护主义和单边主义虽然有加剧之势，经济全球化遭遇逆流，但是其深入发展大势不会根本改变。全球已经形成高度复杂的产业链、供应链、价值链网络，中间品贸易在全球贸易中的比重不断提升，基于信息流和服务流的服务贸易快速发展，北美、东亚和欧洲三大区域供需网络基本成型，国际经贸规则深入边境后领域，经济全球化的新模式、新动能、新规则正在形成，世界经济最终走向一体化是不可抗拒的历史大势。

共建“一带一路”是完善全球发展模式和全球治理、推进经济全球化健康发展的重要途径，推动经济全球化进程更有活力、更加包容、更可持续。当前，世界经济低迷，一些西方国家逆全球化思潮涌动，趋势加剧。新兴市场国家和发展中国家在引领和推动经济全球化健康发展上承担了更多的责任，作为世界最大发展中国家，

我国正从经济全球化的参与者转变为贡献者和引领者，“一带一路”建设为区域及世界经济增长注入正能量，为全球经济治理体系变革增添新动力。

“一带一路”建设提出合作共赢是经济全球化健康发展应秉持的核心理念，并提出政策沟通、设施联通、贸易畅通、资金融通、民心相通的实施路径。以互联互通和产能合作打通生产要素全球流动渠道，破解发展不平衡和不平等问题，是我国引导经济全球化走向的实际行动，以此促进各国实现联动增长、走向共同繁荣，为经济全球化打开新局面。

“一带一路”建设推动完善全球经济治理机制，倡导和践行多边主义，实质上助推经济全球化进程。当今世界国际经济力量对比发生深刻变化，全球产业链、供应链正在深刻调整，但全球治理体系、贸易投资规则以及全球金融治理机制变革滞后，难以适应新需求、解决新问题。“一带一路”建设让新兴市场国家和发展中国家有更多机会参与到全球经济治理中来，推动国际秩序朝着更加公正合理的方向发展，持续提升新兴市场国家和发展中国家在全球化进程中的代表性、发言权和参与度。

四、产业分工加速调整，产业链、供应链、价值链发生深刻变化，国际产业合作格局调整带来挑战和机遇

新冠肺炎疫情全球蔓延，导致全球产业分工格局呈现出一系列

新的特征，可能影响我国产业链、供应链完整性，但也有助于我国发挥产业门类全、国内市场潜力巨大的优势。同时，随着新一轮科技革命蓬勃兴起，我国面临的技术“卡脖子”、国际产业竞争加剧等问题开始凸显，但我国科技创新能力较改革开放初期已经有了巨大提升，有底气、有信心应对风险挑战。此外，由于技术进步生产组织方式将向平台化、分散化方向发展，传统产业模式面临挑战，我国在新产业、新业态发展方面优势有望得到发挥。

（一）全球产业链、价值链面临调整，但有助于我国发挥产业门类全、国内市场大的优势

受新冠肺炎疫情暴发蔓延影响，全球产业链中多种原材料、元器件、零部件、产成品等出现不同程度的断供现象，对多国经济社会稳定运行造成冲击。在此背景下，逆全球化思潮抬头，全球经济区域化趋势明显，部分国家开始出现产业本土化倾向，其干预国际产业链、供应链的意愿上升。多国把确保产业链、供应链安全作为目标，着重关注产业链、供应链的安全性、可靠性、完整性，并开始制定相关政策法规为经济运行安全自主提供保障。例如，2020年4月，为增强产业链、供应链可靠性，日本推出总额达22亿美元的经济刺激计划，用于补贴从中国转移至日本本土或其他东南亚国家的制造业企业；同期，美国白宫首席经济顾问库德洛也表示，美国政府将对从中国迁回美国的企业给予相应政策优惠。各国推动产业本土化的举措将一定程度上影响全球产业分工格局，可能会对

中国产业链供应链的完整性、就业、出口等造成不利影响。

但是也应看到，我国具备独立完整的现代工业体系，包括41个工业大类、207个工业中类、666个工业小类，是全世界唯一拥有联合国产业分类中全部工业门类的国家。我国可以依托自身产业门类全、国内市场大、综合成本低的优势，全力以赴保持产业链供应链平稳运行，促进产业链上下游、产供销、大中小企业协同发展，优化供应链体系，确保铁路、航空、海运等物流大通道畅通，同时以此为契机，倒逼自身增链补链，巩固传统产业优势，强化优势产业领先地位，大力推动补短板、强弱项，增强产业链供应链弹性和韧性。

（二）技术“卡脖子”、竞争加剧等问题不容忽视，但我国有基础有能力脱颖而出

以新一代人工智能为引领，包括物理、信息、生物等多领域科技突破的新一轮科技革命和产业变革正蓬勃兴起，将给人类社会带来难以估量的作用和影响。人工智能、5G、大数据、云计算、物联网等重大技术不断涌现，科技成果转化速度明显加快，产业科技竞争也不断强化。目前，我国集成电路、基础软件、互联网、高端生产装备、新材料等多个领域的关键技术与核心产品仍依赖进口，而美国等发达国家已开始对我国实施包括企业制裁、出口管制、人才封锁、投资限制在内的极限施压措施，甚至禁运部分核心零部件，技术“卡脖子”问题已经凸显。例如，美国商务部2020年5

月 15 日以华为“破坏”实体清单为由，全面限制华为使用“以美国技术设计和生产的产品”。

但是也应看到，我国科技创新能力相较改革开放初期已经有了巨大提升，有基础、有能力在新一轮科技革命中脱颖而出。世界知识产权组织公布的《2019 年全球创新指数》显示，我国创新能力排名继续攀升，从 2018 年的第 17 位升至第 14 位，是中等收入经济体中唯一进入前 30 名的国家，且理工科人才储备、专利数量、高技术产品出口等重要指标均已达到世界先进水平。截至 2019 年，我国发明专利授权量居世界首位，国际科技论文被引用次数位居世界第二；高新技术企业达到 22.5 万家，科技型中小企业超过 15.1 万家；全国技术合同成交额突破 2.2 万亿元；科技进步贡献率已达 59.5%。当前，中国已在无人机、人工智能、云计算、区块链、纳米科技、生物医药等前沿科技方面取得积极进展，以上成就也是我国有信心应对风险挑战的底气所在。

（三）技术进步推动生产组织方式向平台化分散化方向发展，但我国新产业新业态蓬勃发展有助于抢占先机

得益于新材料应用以及智能机器人、网络协作生产服务、3D 打印等全新工序，经济组织将改变集中化、扩张化趋势，代之以平台化和分散化，从等级结构变为点面结构，新型“小手工作坊”或将再度兴起并成为主流生产形态，与之相伴随的是组织内部的大幅度扁平化。据阿里巴巴达摩院估计，到 2046 年 80% 的国际贸易将

由小企业和个人主导完成，个性化、定制化消费将取代大规模、排浪式消费成为主流消费模式。随着人工智能、物联网等技术的迅速发展，具有自主控制能力、自我学习能力和自行优化能力的智能工厂很可能成为主要的制造形式。在这种智能工厂中，从需求分析到设计生产计划再到具体的优化工序很可能均以机器为主完成，人则主要在和机器的合作中从事一些创造性工作。这将彻底改变大多数产业，特别是传统产业的生产方式，装配工人、驾驶员等一些传统职业可能逐步消失。

围绕新能源、气候变化、空间开发、海洋开发的技术创新更加密集，绿色经济、低碳技术等新兴产业蓬勃兴起，生命科学、生物技术带动形成庞大的健康、现代农业、生物能源、生物制造、环保等产业。特别是“5G+新一代人工智能”向各行业各领域大规模渗透，推动新产品、新产业、新业态、新模式大量涌现。目前来看，中国在新产业、新业态发展上走在世界前列。据《大数据蓝皮书：中国大数据发展报告No.4》评估，中国在G20国家数字竞争力指数排名中紧随美国之后，位居第二。其中，中国在数字经济指数和数字服务指数排名中位列第一。在人工智能领域，Tortoise发布全球人工智能指数（Global AI Index）对全球54个国家的人工智能研发能力进行排名，中国同样位居第二，并可能在5至10年内超越美国。在5G领域，2019年11月中国正式启动5G商用，预计2020年底将建设完成超过60万个5G基站。中国在新兴产业的优势，同时将为“一带一路”沿线国家带去积极外溢效益。中国科技企业巨头腾讯和阿里巴巴在疫情期间，大力帮助东南亚国家发展数字支付业务，在六个域内主要国家间接支持了11家数字支付品牌或电子钱包，截至2020年，总注册用户已达1.5亿个。中国互联网企业积极开拓海外市场，搭建互联网基础设施，提供信息化服务，最终也将有利于“一带一路”沿线国家实现从传统制造向新兴产业模式发展。

五、世界文化文明体系多元化共存，社会活动方式发生转变，“一带一路”建设面临挑战和机遇

当前，世界文化多样化、社会信息化等深入发展，“一带一路”建设面临新的机遇。应对共同挑战、迈向美好未来，既需要经济科技力量，也需要文化文明力量。文明因交流而多彩，文明因互鉴而丰富。“一带一路”建设为展示和传播文明之美打造交流互鉴平台，为促进世界各国平等对话、相互启迪拓展了新空间。

（一）东西方文明交流互鉴，中国方案吸引力显著增强

随着政治多极化、经济全球化和社会信息化的深入推进，尽管西方文明仍有较强竞争力，但中华文明、印度文明、伊斯兰文明、东正教文明、拉美文明、非洲文明等影响力逐步扩大，各类文明更加平等地交流、碰撞、合作的态势日益明显，形成百花齐放、百川

竞流的格局。特别是随着我国综合国力和国际地位显著提升，继承了中华优秀传统文化的中国特色社会主义文明正在日益彰显活力、凝聚力和影响力。

文明在开放中发展，民族在融合中共存。2013 年 9 月和 10 月，习近平主席在出访哈萨克斯坦和印度尼西亚时先后提出共建“丝绸之路经济带”和“21 世纪海上丝绸之路”的重要倡议。我国积极发展与沿线国家的经济合作伙伴关系，共同打造政治互信、经济融合、文化包容的利益共同体、命运共同体和责任共同体。2014 年，习近平主席在巴黎联合国教科文组织总部发表重要演讲，全面深刻阐述对文明交流互鉴的看法和主张。强调应该推动不同文明相互尊重、和谐共处，让文明交流互鉴成为增进各国人民友谊的桥梁、推动人类社会进步的动力、维护世界和平的纽带。习近平总书记通过对人类文明的认识和理解，提出解决当今国际问题的新思路和新视角。倡导文明交流互鉴，融合了东西方智慧，丰富和发展了世界文明的当代思想体系。

改革开放以来，面对世界发展大势，我国直面风浪，勇于学习，在风口浪尖中碰撞、融合、成长，表现出对世界发展趋势认知的日趋成熟，更蕴含着深刻的文化自信。进入 21 世纪，世界科技革命新浪潮再次凸显人类文明交流互鉴的必然，跨文化的交流合作已经日益普遍，以共建“一带一路”倡议为代表的一系列中国方案越来越赢得世界各国的青睐。

（二）工业化城镇化信息化带来社会活动方式的转变，为共建“一带一路”倡议对接沿线国家建设创造条件

在上一阶段经济全球化快速发展时期，全球最终需求主要集中在发达国家，正是发达国家旺盛的需求牵引着过去一个时期全球经济和贸易投资的快速增长。然而，发达国家已进入后工业化时期，城镇化已完成，虽然仍然占据着全球产业链、供应链、价值链的高端环节，但受制于人口老龄化、政府和居民债务负担沉重等长期结构性问题，未来一个时期经济增长难有明显改观。与此相对，以我国为代表的发展中国家工业化和城镇化尚未完成，未来经济有望保持较快增长，全球最终需求将发生重大结构性变化，发展中国家有望占据全球最终需求的“半壁江山”，为全球经济增长注入新动力。根据麦肯锡全球研究院《变革中的全球化：贸易与价值链的未来图景》的测算，1995 年、2007 年、2017 年、2030 年，发达国家在全球最终消费中的比重分别为 81%、74%、62%、49%，呈下行趋势，发展中国家分别为 19%、26%、38%、51%；其中到 2030 年，我国在全球最终消费中比重将达到 16%，比 2017 年提高 6 个百分点。

同时，当今世界处于以信息化全面引领创新、以信息化为基础重构国家核心竞争力的新阶段，正迎来新一轮信息革命浪潮。2013 年，麦肯锡在一份研究报告中列举了可能改变未来生活、商业和全球经济的 12 项颠覆性技术，其中大部分属于新一代信息技术。新

一轮信息革命对生产方式的深刻影响，表现为信息化带来的产业技术路线革命性变化和商业模式突破性创新，进而形成信息技术驱动下的产业变迁、企业组织形态重构以及就业和消费方式变化。生产方式智能化、产业形态数字化、产业组织平台化，都会在微观和宏观层面极大地提升生产效率和全社会资源配置效率。后发国家抓住信息化发展历史机遇，主动顺应和引领新一轮信息革命浪潮，加快发展先进制造业，完善对平台企业的规制，提高劳动者的适应性就业能力，维护网络信息安全，就完全可以成功实现追赶甚至超越。

进入 21 世纪以来，人类的社会活动方式出现了三次显著变化。一是第三世界国家的工业化进程，尤其是我国、印度和东南亚国家的工业化进程，极大地改变了全球经济结构和贸易分布格局，帮助占全世界一半左右的亚洲人口摆脱贫困，促使大量亚洲农业人口转化为工业人口，这一进程推动了世界经济增长重心的东移和“亚洲世纪”的来临。可以看到，未来一段时期内，亚洲仍将成为全球经济增长的主要推动器，这为“一带一路”建设奠定了基础。二是工业化和贸易全球化带来的普遍城镇化。第三世界城市人口不断膨胀，对相关国家的城市治理、基础设施建设、居民生活习惯调整等各个方面提出了进一步要求。“一带一路”沿线国家的城市普遍在城市治理理念、基础设施建设等方面继续更新换代，使得“一带一路”建设在基础设施投资等领域能够进一步发力，促进相关国家经济可持续增长。三是信息化革命加速发展演进。信息化革命极大程度上完善了全球贸易体系，使全球主要城市人口能够共享同一种流行文化，拉近了相关国家之间的民心距离，为构建联通欧亚大陆的贸易大通道创造了条件。未来几年，以上三大趋势将进一步影响“一带一路”沿线国家的社会变革，也为我国企业深度参与沿线国家建设创造了历史机遇。

（三）全球人口老龄化趋势影响沿线国家发展潜力，但也为共建“一带一路”倡议助力相关领域建设提供了机遇

人口是慢变量，却是决定经济、政治、社会和文化变迁的最重要因素之一。近百年来，全球人口在爆炸式增长的同时，结构发生深刻改变，三大趋势日益凸显。一是老龄化，尤以发达经济体最为突出。联合国数据显示，1950 年至 2015 年，全球 65 岁以上人口占比从 5.1% 升至 8.3%，同期发达经济体该比重从 7.7% 升至 17.6%。二是发达国家人口占比下降。1950 年至 2015 年，发达国家人口全球占比从 32.1% 降至 17%。同时，由于 20 世纪 80 年代以来发达国家内部普遍出现收入分配差距拉大趋势，富裕人口占全球比重下降更加明显。三是国际移民迅猛增长。2017 年全球移民和难民存量已达 2.57 亿人，较 2005 年增长 35.2%。在这三大趋势下，世界生产方式、消费形态乃至社会心理都在发生深刻改变。美欧发达经济体多元民族、多元种族、多元宗教、多元文化的特征更加明显，各种文明加强融合的同时，摩擦与矛盾也日益显现。这成为发达经济体内部保护主义思潮泛起、对外政策趋向保守乃至文明冲突论再次登场的重要社会根源。

从世界人口老龄化进程来看，老龄化是世界各国共同面对的问题。虽然现阶段部分“一带一路”沿线国家普遍尚未面临人口老龄化问题，但在未来20年中，这些国家同样面临劳动人口走向衰老的问题。具体而言，可以按照老龄化程度将沿线国家分为以下类别。一是老龄化较严重的国家。这些国家面临长期的政府收入下降和经济增长乏力问题，国内市场在没有充足劳动力涌入的情况下，增长潜力极其有限。在此背景下，可推动与沿线国家签订劳务输出框架协议，促进人力资源按照相关框架协议进行有效配置。二是部分沿线国家为年轻型人口结构，国内普遍存在青年就业问题，市场潜力无法被直接挖掘，需要优先开展就业培训，以便劳动密集型产业能够向相关国家转移。三是老龄化阶段处于以上两者之间的大部分沿线国家，同样面临着老龄社会即将到来的挑战，在共建“一带一路”框架下，继续加强养老、医疗等领域的交流合作是未来的发展方向。

六、非传统安全与传统安全风险交织，“一带一路”建设面临的安全形势更加复杂

“一带一路”沿线部分国家安全风险长期处于较高水平，而疫情蔓延可能会进一步加剧有关风险。同时，全球生态环境恶化、恐怖主义活动、网络犯罪等威胁日益加剧，各国亟须加强生态环境治理和安全保障能力。

（一）地缘政治风险高企，沿线国家安全形势严峻

“一带一路”沿线地缘政治风险长期处于较高水平，部分地区受制于大国博弈和民族宗教矛盾，政治风险高企，局部地区有冲突升级迹象。具体来看，中东是沿线政治风险较高的地区，但在多方因素约束下，爆发大范围、高烈度军事冲突及战争的可能性较小。美国推出“新中东和平计划”再度加剧巴以冲突，土耳其出兵叙利亚及放开难民边境，令土耳其与俄罗斯、伊朗及欧美关系更趋复杂。除中东以外，民族宗教矛盾、边境领土冲突以及大国政治博弈仍是其他部分沿线国家的长期安全隐患。印巴边境克什米尔地区紧张局势仍有可能加剧。乌克兰因俄、美等主要大国政治博弈以及国内突出的民族矛盾，政局稳定性依然存在较大不确定性。

2020 年，新冠肺炎疫情全球蔓延对沿线国家政治形势影响利弊皆存。一方面，抗击疫情成为多数沿线国家首要工作，国内各政治力量能够暂且达成一致共同抗疫，国内政治集会活动暂停，对国内政治局势起到降温作用。另一方面，疫情对沿线国家经济运行造成了严重冲击，容易激化国内矛盾，若引发“蝴蝶效应”，可能对政权和社会稳定造成深度影响。此外，2020 年“一带一路”沿线有 40 多个国家将举行选举，政局不稳定性、不确定性可能会进一步上升，需高度关注新冠肺炎疫情后续影响。

（二）全球生态环境恶化问题加剧，国际社会对绿色发展的重视程度空前提高

100年前，全球人口不到20亿人，重工业和化学工业刚刚起步，人类社会生产力水平整体较低，生态环境问题并不突出。第二次世界大战后，随着重工业和化学工业快速发展，英国、美国、日本等发达国家环境公害事件频发，对生态环保日益重视并采取了相应的政策举措，但广大发展中国家尚未深入参与到这个潮流中。冷战结束后，世界人口迅速突破60亿人和70亿人关口，全球经济快速增长，广大发展中国家加快工业化和城镇化，全球生态环境恶化加剧。气候变暖、海洋污染、臭氧空洞、生物多样性锐减、南北极和青藏高原冰雪消融、荒漠化等现象愈演愈烈，威胁各国生态安全，成为21世纪人类面临的最严峻挑战。

生态问题无国界，国际社会对绿色发展的重视程度空前提高，世界各国都在迫切寻求应对资源环境生态问题的新方式、新出路。联合国框架下建立应对气候变化的机制，明确发达和发展中国家共同而有区别的责任。二十国集团将节约资源和保护环境作为重要议题。“绿色丝绸之路”是在综合分析当前各地区在资源环境领域面临共性问题的基础上，凝聚绿色共识，探索经济增长与环境保护两大战略目标协同发展并形成良性循环的创新型增长模式。作为一次对全球生态环境治理与国际合作方式的积极实践，“绿色丝绸之路”倡议包含的“共享生态文明，推动绿色发展”内在要求，不仅是中

国为维护人类命运共同体而向世界作出的庄严承诺，更是各沿线国家推动自身健康发展、实现经济绿色转型升级的重要契机。

（三）恐怖主义活动、网络犯罪等威胁日益加剧，各国对加强治国理政经验交流、提高安全保障能力需求显著提升

当前国际反恐形势依然严峻，极端主义与恐怖主义密切交织。“伊斯兰国”虽被打散，但有生力量远未被消灭，外溢效应凸显。新型恐怖主义方面，“独狼式”恐怖袭击对世界各国的威胁日益上升，不同地区的多个国家大案要案频发，以网络为代表的现代大众传媒给国际恐怖主义活动提供了新平台，社交平台在一定程度上给恐怖主义提供了操控社会情绪的机会。“新安全”领域方面，近年来全球网络犯罪波及范围与日扩展，互联网（IPV6）、物联网、无线网、云计算、人工智能以及智能电网“险象环生”，高级持续性攻击（APT）甚至高技术含量的离线攻击频现，且具有跨国性、多发性、隐蔽性等特征，近年来持续爆发的全球勒索病毒就是典型案例。金融安全方面，不断涌现的虚拟货币、网络借贷、移动支付和智能理财等金融创新形式大大增加了监管难度，而经济金融信息全球化则显著加大了金融风险扩散的联动性。

面对严峻形势，各国对加强反恐交流及提高安全保障能力需求显著提升，特别是部分“一带一路”沿线国家恐怖主义势力活动频繁、恐怖主义袭击事件多发。加强国际反恐合作，树立人类命运共同体意识，合力应对恐怖主义威胁尤为迫切。

七、全球新冠肺炎疫情仍在蔓延，“一带一路”建设面临挑战

疫情仍在蔓延扩散，暴露全球公共卫生领域短板，其溢出效应威胁我国海外人员和项目安全。同时，各国经济遭遇重挫，短期内参与共建“一带一路”能力下降。但危和机同生并存，克服了危即是机，我们应化危为机，推进健康丝绸之路和数字丝绸之路建设合作，进一步发挥世界经济增长主要动力作用。

（一）疫情暴露全球公共卫生领域短板，我国海外人员项目安全面临风险

新冠肺炎疫情充分暴露了全球公共卫生领域投入不足的问题。一方面，发热感染门诊覆盖率低、相关专业人才和医疗物资储备匮乏问题普遍存在。疫情暴发缺乏的不仅是医疗机构和医护人员，各类专业型、复合型公共人才也相对缺乏。如公共卫生领域专业人才缺失，疾病防控部门骨干人员流失严重，基层储备人力资源不足，专业性应急救援志愿者匮乏。另一方面，在行政管理方面，部分国家政府官员及卫生行政部门管理人员专业知识欠缺，面对重大突发公共卫生事件应对能力不足，决策失误，对疫情防控工作造成巨大影响。

在疫苗和特效药研制成功前，部分国家可能面临第一波疫情

长期持续的局面，而部分采取了强制隔离措施的国家也可能因为经济压力而选择解除措施，从而引起疫情的二次暴发，这些都对我国海外人员和项目安全带来挑战，“道路不通、货物不畅、资金不够”问题突出。一是人员方面。不少国家暂停来往中国航运、停发签证，拒绝15天内停靠中国的船舶靠岸，给境外投资项目工作人员返岗带来很大障碍，海外劳工普遍短缺，企业经营劳动力压力剧增。各国逐步“带疫解封”，员工受感染风险加大。二是物资方面。新冠肺炎疫情大流行导致全球产业链、供应链受到干扰，原材料、半成品、设备供应不足，相关行业恢复产能需要一定时间，导致境外项目工程延期或因需另寻供应商而成本增加。防疫物资紧缺，从国内采购的防护物资难以及时足量运达。三是资金方面。长期停工停产，企业经营业绩下降，资金缺口严重；延期导致项目管理费用、设备闲置费用等损失，企业经营成本上升；国际金融市场动荡，融资压力增大。

（二）推进共建健康丝绸之路和数字丝绸之路合作，进一步发挥世界经济增长主要动力作用

在积极应对“一带一路”建设面临困难挑战的同时，应当看到新的合作机遇正在出现。疫情推动了一些细分市场的发展和升级，比如医疗服务、个人护理、机构消毒等，也进一步增强了大众的公共卫生意识，为检验检疫、食品安全、垃圾处理等行业带来发展空间。同时，疫情也加强了我国与世界卫生组织及沿线国家的传染病

防控技术和制度合作，有利于推动健康丝绸之路深入发展。作为全球抗疫物资最大供应国，中国尽最大努力向国际市场供应防疫物资、原料药、生活必需品等产品，努力缓解疫情冲击，提升全球应对二次疫情和经济波动的能力。

此次疫情中，数字经济领域消费的特殊角色和作用更加凸显，成为恢复消费增长的重要力量，越来越多的消费者选择并习惯了数字化的工作生活方式，未来数字经济领域消费供给能力将进一步增强，“一带一路”沿线各国应把握此机遇，重视推动数字经济发展，加强大数据、“互联网 +”、云计算等领域合作，发挥跨境电商等对进出口的推动作用，推进数字丝绸之路建设。

学习贯彻习近平新时代中国特色社会主义经济思想

做好“十四五”规划编制和发展改革工作

| 系列丛书 |

第五章

有力有序有效
推动“一带一路”建设高质量发展

2018年8月，习近平总书记在主持推进“一带一路”建设工作五周年座谈会时提出，“一带一路”建设要从谋篇布局的“大写意”转入精谨细腻的“工笔画”，向高质量发展转变。落实习近平总书记这一指示精神，今后推进“一带一路”建设要坚持稳中求进工作总基调，统筹国内国际两个大局，以高质量发展为主题，秉持共商共建共享的基本原则，坚持新发展理念，努力实现高标准、惠民生、可持续的发展目标，推动“一带一路”建设沿着高质量发展方向不断前进，在推进建设更高水平的开放型经济新体制、推动构建人类命运共同体的伟大征程上迈出坚实步伐。

第一节

形成多维立体、畅通高效的基础设施互联互通网络体系

聚焦关键通道、关键城市、关键项目，通过建设高质量、可持续、抗风险、价格合理、包容可及的基础设施，着力推动陆上、海上、天上、网上、冰上丝绸之路建设，全面提升我国与“一带一路”沿线国家基础设施互联互通水平。

一、全力推进国际经济合作走廊建设，持续优化陆上丝绸之路

（一）以互联互通项目为重点，大力推进陆上大通道建设

在尊重国家主权和安全关切的基础上，加强与沿线国家基础设

施建设规划、技术标准体系的对接，着力打通缺失路段，畅通瓶颈路段。立足周边国家，加快推动中巴、中国—中南半岛国际经济合作走廊建设；深化与尼泊尔、缅甸等国家的双边合作，以双边促多边，稳步推动孟中印缅国际经济合作走廊建设；积极推动中蒙俄、新亚欧大陆桥、中国—中亚—西亚国际经济合作走廊建设。扎实推进已开展的重大合作项目，建设中老铁路、匈塞铁路等跨境互联互通项目，推动中巴公路等重要通道“卡脖子”路段升级改造。积极参与沿线国家主要港口进港铁路及机场高速公路建设，推动各种运输方式有效衔接，强化多式联运通道。

（二）加强边境基础设施及口岸建设，提升通关便利化水平

结合国际大通道主要走向及运力需求，推动重点口岸扩能改造，重点提高口岸站场的集装箱列车接发及货物换装能力，进一步提高口岸过货能力，强化对国际班列运行保障能力。提高口岸通关效率，加强口岸国际道路运输管理机构基础能力建设，推行“联合查验、一次放行”等通关模式。优化汽车、肉类、粮食、种苗、木材、医疗设备、铁路国际邮件交换站等口岸或指定监管场地功能布局，加强配套设施设备建设，提升口岸通关服务能力。

（三）全力推进中欧班列高质量发展，支撑区域经济融合发展

加强中欧班列品牌建设，优化班列开行布局及运营组织，动态调整开行线路，促进线路资源集约利用，推动运输资源向运行质量较好的线路倾斜，提升班列经营效益。支持中欧班列枢纽节点在运输组织、货源组织、金融和信息服务等方面先行先试，打造一批具有较强国际影响力的现代物流枢纽。大力促进中转集结，构建“干支结合、枢纽集散”的集疏运体系，促进班列开行由“点对点”向“枢纽对枢纽”转变。加强与沿线国家铁路协作和安保合作，压缩班列全程运行时间，确保中欧班列高效安全运行。大力发展“班列 +”模式，引导具备条件的中欧班列运营企业向供应链服务企业转型，推动班列与口岸、园区等协同布局，加强金融发展，推动“运贸一体化”发展，促进班列与区域经济融合发展。

二、深化与沿线重要港口城市合作，不断畅通海上丝绸之路

（一）不断完善海运物流网络

鼓励我国沿海港口与沿线重要港口缔结友好港或姐妹港协议，

合作共建国际和区域性航运中心。推动增加海上航线和班次，完善我国与沿线国家间的海运网络。依托国家交通运输物流公共信息平台，加强与沿线重点港口国际物流信息互联共享，提升运输便利化水平。加强与有关国家的沟通协调，围绕规范国际运输市场、提升运输便利化水平等方面紧密合作。

（二）积极参与国际港口建设

支持国内企业以多种方式参与沿线国家港口建设运营，完善港口基础设施。积极与沿线国家及港口城市分享我国临港经济发展经验，推广“港口＋工业园”模式，通过港口带动临港产业发展，推动实现港产城融合发展。

（三）共同开展海上互利合作

深化海洋环保、航道安全、海上搜救、防灾减灾等领域的合作，围绕海水养殖、海洋渔业加工、新能源和可再生能源、海水淡化、海洋生物制药等产业，合作实施一批蓝色经济合作示范项目。打造蓝色经济通道，共建海洋合作中心，促进海洋产业发展，提升海洋公共服务能力。与沿线国家共同规划开发海洋旅游线路，打造精品海洋旅游产品，建立旅游信息交流共享机制。

三、扩大空中快线和物流体系合作，全面拓宽空中丝绸之路

（一）推动国际航空运输合作

稳步推进与沿线国家签订双多边航空运输协定，有序扩大航权安排，探索推动更高水平的航空开放。推动国际航空运输合作从双边转向多边航空自由化、一体化模式发展，充分释放区域航空市场潜力。引导航空公司加大对沿线国家运力投放，积极开辟国际新航线，构建覆盖全球的国际航空网络。

（二）拓展国际航线网络

围绕“一带一路”建设重要方向及重点国别，兼顾已签署双多边航空运输协定的国家，推动我国航空枢纽城市与更多沿线国家实现空中直航。进一步加密与沿线国家首都及重点城市的航线航班，提高航空运输质量和运行效率。

四、促进信息基础设施安全高效互通，加快构建网上丝绸之路

（一）加快信息基础设施互联互通建设

促进与沿线国家信息通信网络互联互通，合作推进跨境陆缆和海底光缆建设，拓宽信息通道。支持各国企业合作参与信息通信基础设施建设，提升网络互联互通水平。建立完善信息传输、处理、管理、应用体系以及信息标准规范体系和信息安全保障体系，为实现网络互联互通、信息资源共享提供保障。

（二）深化网络信息领域合作

推动与沿线国家信息通信发展战略、规划和政策紧密衔接，加强与国际组织合作。与沿线国家共同探索以可负担的成本扩大高速互联网接入和连接的方式，促进宽带网络覆盖，提高服务能力和质量。深化互联网国际交流合作。发挥我国在互联网领域的比较优势，推进沿线各国互联网经济快速发展，促进通关物流、金融服务的线上线下协同推进。

（三）提升互联网治理能力

完善网络空间对话协商机制，与有关国家和国际组织研究制定

全球互联网治理规则，共同构建公平正义的合作环境。与沿线国家共同培育透明的数字经济政策，发展和保持公开、透明、包容的政策制定方式。提高数字包容性，采取多种政策措施和技术手段缩小各国之间及各国内部的数字鸿沟，大力推进互联网普及。进一步加强在知识产权保护、个人隐私保护、跨境数据流动等方面的合作，共同构建网络空间命运共同体。

（四）推进空间信息走廊建设与应用

统筹建设和利用我国空间信息资源，打造技术先进可靠、服务优质广泛的空间信息走廊，积极服务于我国与沿线国家全方位互利合作，带动提升我国空间信息产业市场化、国际化水平。充分利用现有和规划建设的空间基础设施，完善空间信息系统，提升“一带一路”空间信息覆盖能力。大力开展空间技术应用推广，加强技术成果的集成和转化应用，提升空间信息服务能力。

五、加强北极航道开发和利用合作，积极共建冰上丝绸之路

（一）合作开发利用北极航道

积极参与北极治理，切实遵守《极地水域船舶航行安全规则》，支持国际海事组织在北极航运规则制定方面发挥积极作用。

加强在北极航道基础设施建设和运营方面的国际合作，支持北冰洋周边国家改善北极航道运输条件，依法开展商业试航，稳步推进北极航道的商业化利用和常态化运行。共同开展北极海况、冰情、气象、洋流的研究和调查工作。加强北极航道航行安全合作，提高北极航行、安全和后勤保障能力。

（二）稳步推进北极国际合作

加强与北冰洋周边国家对接合作，不断完善北极开发合作的政策和法律基础，积极推动共建经北冰洋连接欧洲的蓝色经济通道。与各方共同开展北极航道综合科学考察，研究北极气候与环境变化及其影响，开展航道预报服务。积极与北极国家合作开展北极地区资源潜力评估，鼓励企业有序参与北极资源的可持续开发，加强与北极国家的清洁能源合作。积极参与北极相关国际组织的活动。

▍第二节▍

深入推进政策、规则、标准对接合作，提升软联通水平

积极适应经济全球化发展新形势，着眼于充分调动沿线国家积极性和发挥各自比较优势，瞄准破解政策、标准、制度不适应、不对称的瓶颈制约，加快促进与沿线国家政策、规则、标准三位一体的联通，推行更高水平的贸易和投资自由化便利化政策，强化共建“一带一路”互联互通机制保障。

一、推进宏观政策协调和规划对接，不断凝聚国际合作共识

（一）优先加强与国际和区域发展议程对接，有效提升"一带一路"倡议感召力及影响力

推动与联合国等国际组织的交流合作，继续把发展问题置于宏观政策协调的突出位置，积极推进共建"一带一路"与联合国2030年可持续发展议程的对接。继续深化中国—东盟、中国—中东欧、中非、中阿等多边合作，推动在共同发展领域形成更多共识，开拓新的合作空间，发掘新的合作潜力，在传统优势领域深耕厚植，在新经济领域加快培育亮点。

（二）深入开展与各国发展规划对接，巩固扩大"一带一路"建设基本面

有序推动与合作基础较好、合作意愿较强的国家围绕各自的发展战略和合作规划加强有效对接，优势互补，协同并进，产生"1+1>2"的效果。结合各方国情，灵活推动后续合作，与沿线国家签署政府间合作谅解备忘录后，既可以从顶层设计着手，采取编制合作规划，建立对接平台，实施项目清单的方式，也可以直接从务实合作切入，率先启动一批双方有共识、条件具备的成熟项目，

尽早让各方分享到早期收获成果。

（三）优化完善以高峰论坛为引领、各领域多双边合作为支撑的国际合作架构，畅通政策沟通对接渠道

继续办好“一带一路”国际合作高峰论坛。积极参与上海合作组织、金砖国家、澜湄合作等区域及次区域合作，增强“一带一路”建设相关议题设置能力和引领能力。此外，针对重点国别、重点领域、重点项目等，充分发挥已有多双边合作机制作用，推动建立完善不同层次的沟通协调机制，切实提升政策沟通效率及效益。

二、共同构建更高水平的国际经贸规则，优化完善国际合作环境

（一）坚定维护以世界贸易组织为核心、以规则为基础的多边贸易体制

发挥负责任大国的作用，坚持多边主义，坚决维护多边贸易体制及开放型世界经济体制，积极参与世界贸易组织改革，推动全球经济治理体系朝着更加公正、合理、有效的方向发展。重点围绕贸易投资、知识产权保护、创新、农业、争端解决等国际普遍关注问题和网络、外空、极地等新疆域规则制定，加强与沿线国家的协调合作，提高新兴市场国家和发展中国家在全球经济

治理中的代表性和发言权，推动制定国际社会普遍认可的投融资规则。

（二）加快构建立足周边、辐射"一带一路"、面向全球的高标准自由贸易区网络

继续实施自由贸易区战略，加快正在进行的自由贸易区谈判进程，逐步提升已有自由贸易区的自由化水平。推动早日签署并实施《区域全面经济伙伴关系协定》，积极推动同周边国家和地区以及更多沿线国家和地区商建自由贸易区，在此基础上朝着建设亚太自由贸易区的目标迈进。

三、加快重点领域商业、技术标准对接，持续提升国际合作水平

（一）积极对接普遍接受的国际规则标准

加强与国际标准化组织、国际电工委员会、国际电信联盟等权威性国际标准组织的合作，积极对接先进国际标准。坚持发展导向，立足实现高标准、惠民生、可持续目标，严格遵守联合国全球契约，尊重各国法律法规，以此为前提引入各方普遍支持的规则标准，推动企业在项目建设、运营、采购、招投标等环节按照普遍接受的国际规则标准进行。

（二）加强与沿线国家标准对接合作

聚焦“一带一路”互联互通建设关键通道、重大项目以及国际合作重点领域，针对重点区域和重点国家，加强标准互认合作及标准信息互换，努力提升国家标准一致化水平。开展大宗贸易商品国家标准体系比对分析，加强标准协调，促进贸易便利化。针对铁路、公路、电力、能源等基础设施和金融、人文等领域，推动与相关国家共同研制区域性国际标准。加强与沿线国家在海关、税务、交通运输、资金结算等领域的标准衔接，推动与更多国家实现“经认证的经营者（AEO）”互认，降低人员、资金、货物、服务等要素往来的“隐形壁垒”。建立完善沿线国家重大政策信息平台及规则标准翻译合作平台，加大标准交流培训力度，支持沿线国家标准化能力建设。

（三）推动具有优势的中国标准走出去

针对高铁、核电、信息通信等我国具备技术领先优势的领域，以及家电、有色金属、建材、纺织、农业等我国优势产能领域，研究制定“一带一路”建设相关领域中国标准名录，推动中国标准在“一带一路”建设中的应用。着力深化与沿线国家在国际铁路联运、电子商务、新能源、新材料、航空航天、公共卫生安全等新兴领域合作，联合开展重大科技攻关，扩大参与国际标准规则制定。

四、推动高水平对外开放，打造国际合作和竞争新优势

（一）以制度型开放推动全方位对外开放

全面实施准入前国民待遇加市场准入负面清单制度，逐步压缩负面清单长度。大幅度放宽市场准入，稳步扩大金融业开放，持续推进服务业开放，深化农业、采矿业、制造业开放。坚持引进来和走出去并重，完善对外投资政策和服务体系。主动扩大进口，进一步扩大降税范围，努力增加人民群众需求比较集中的特色优势产品和服务进口。赋予自由贸易试验区和自由贸易港更大的改革创新自主权，以制度型开放为核心，积极对接国际先进规则及标准，建设高水平开放新平台，为深化改革探索经验、提供示范。结合“一带一路”建设需要，适当增设自由贸易试验区及各类开发开放平台，有序扩大对外开放空间布局。

（二）完善市场化、法治化、便利化、国际化的营商环境

高度重视履行同各国达成的多双边经贸协议，加强法治政府、诚信政府建设，建立有约束的国际协议履约执行机制。全面贯彻落实《外商投资法》，构建符合新时代改革开放需要的外资法律体系，推进更高水平的对外开放和更深层次的外资管理体系改革，保

护外商投资和外国投资者合法权益。继续加大“放管服”改革力度，提高企业开办、产权登记、经营许可等效率，进一步降低制度交易成本。全面实施平等待遇，推动取消外资准入负面清单之外的限制，规范各级政府行政许可、市场监管等行为，清理废除妨碍公平竞争、扭曲市场运作的不合理规定、补贴和做法，建立公平开放透明的市场规则，促进各类市场主体公开公平公正参与竞争。继续优化监管方式方法，改革口岸管理体制，进一步压缩进出口环节和成本，不断优化口岸营商环境。逐步降低外国人才来华就业、创业门槛。

第三节

坚持市场化运作，构建政府引导、企业主体、民间促进的多元共建格局

推动“一带一路”建设高质量发展更需充分激发各方积极性，坚持市场运作，遵循市场规律和国际通行规则，充分发挥市场在资源配置中的决定性作用和各类企业的主体作用，同时更好发挥政府作用，努力形成政府、市场、社会有机结合的合作模式。

一、强化政府引导作用，为务实合作提供政策支持

（一）在做好保障服务工作上下足功夫

政府是“一带一路”建设的倡导者、推动者，要继续做好企业

的服务保障工作，同时加强对企业境外投资行为的有效引导和合理管理。充分发挥宣传推介、统筹协调、建立机制等方面的主导性作用，为企业营造良好的政治、舆论、商业、民意氛围。及时为企业走出去提供国别指南、政策法规、市场信息、合作商机、融资产品等多方面公共信息服务。

（二）在强化政府间合作上下狠功夫

加强与沿线国家和地区政府的沟通磋商，进一步促进双向市场开放，推动经济要素有序自由流动、资源高效配置和市场深度融合。积极与沿线国家政府协力打造廉洁高效的现代营商环境，加强对“一带一路”建设项目的监督管理和风险防控，建立规范透明的公共资源交易流程。与各国一道完善反腐败法治体系和机制建设，深化反腐败法律法规对接，持续打击商业贿赂行为。

（三）在发挥地方积极性上下实功夫

加强对地方参与“一带一路”建设的指导，指导各地方优化调整自身功能定位，把区域发展与“一带一路”建设整体发展布局相结合。统筹规范地方对外合作行为，避免各地在参与“一带一路”建设中出现定位重叠交叉、项目重复投入等问题。鼓励各地方立足自身实际，不断完善企业参与共建“一带一路”的配套支持政策和监督管理体系。推动各地方为企业搭建更多贸易促进平台，真正做到开放合作、共建共赢。

二、发挥企业主体责任，担当国际经济合作主力军

（一）支持企业参与国际合作

鼓励和支持企业把自身发展主动融入“一带一路”国际合作中，努力提高国际竞争力，打造世界一流企业。鼓励国内企业充分挖掘沿线国家产业和资源优势，积极开展国际产能合作，优化生产要素全球布局。支持国内企业积极参与中国国际进口博览会、中非合作论坛等重要双多边经贸活动，扩大对外交往，加强同国际企业的互利合作和技术交流。发挥“一带一路”产业园区发展联盟作用，吸引更多跨国企业参与“一带一路”建设，促进产业集群发展，推动产业园区实现优势互补、资源共享、高质量发展。

（二）指导企业依法合规经营

督促企业加强项目管理，增强合规管理意识，构建合规管理体系，严格遵守项目所在国法律法规，树立中国企业良好形象。推动企业加强自律意识，培育廉洁文化，防控廉洁风险，坚决抵制商业贿赂行为。鼓励企业加强与东道国政府和社会组织等的沟通与合作，积极开展东道国政治、经济、社会、文化等方面的风险评估，全面把控和及时化解潜在风险。

（三）督促企业履行社会责任

引导企业派驻境外人员努力适应东道国（地区）社会环境，尊重当地文化、宗教和风俗习惯，积极开展中外文化交流，相互借鉴，增进理解。支持企业境外分支机构积极参与当地教育、卫生、社区发展等公益事业，积极开展民生项目，履行社会责任，树立良好企业形象。引导企业在境外坚持资源节约、环境友好的经营方式，加强资源环境保护，在项目全生命周期内持续开展项目环境影响和环境风险评估，切实做到企业经营和环境保护协调发展。

三、提升社会机构服务水平，健全专业信息咨询保障体系

（一）发挥行业协会协调作用

推动行业协会利用行业公共信息平台，建立健全行业信息调查统计归集制度、信息共享机制以及大数据应用分析机制，加大信息整合力度和特色信息挖掘，为企业参与“一带一路”建设提供有效信息支持。鼓励各行业协会组织国内外商参机构、中外企业、金融机构参加的企业走出去项目对接会，为中外企业项目对接提供交流平台，推动“一带一路”建设项目信息实现及时高效共享。

（二）提高咨询机构服务水平

鼓励会计、税务、审计、法律等咨询服务机构加强与行业协会的合作，及时掌握企业参与共建“一带一路”面临的问题，不断提高咨询服务的针对性、专业性、有效性。帮助企业增强从项目开发到交付运营各环节的政治、经济、法律等风险防控能力，切实提高国际化、专业化经营水平。充分考虑我国咨询服务业市场化发展规律，以市场需求为导向推动国内咨询机构自主有序走出去参与“一带一路”建设。

第四节

积极开展广泛深入、多元互动的人文交流，夯实民意基础

人文交流合作是“一带一路”建设的重要内容。要坚持经济合作和人文交流相互促进、共同推进，注重在人文领域精耕细作，进一步加强与沿线国家在教育、科技、文化、卫生、体育、媒体、旅游等领域合作，促进政党、社会组织、智库和青年、妇女及地方交流协同并进，为“一带一路”建设打下广泛社会基础。

一、扩大文化交流，提高文化认同感和影响力

（一）健全文化交流平台

充分发挥上海合作组织成员国文化部长会晤、中国—中东欧国家文化部长合作论坛、中阿文化部长论坛、中国与东盟"10+1"文化部长会议等对话机制以及中国—东盟、中国—中东欧、中俄蒙等双多边文化旅游合作机制在文化交流中的重要作用。推动与沿线国家和有关国际组织签署双多边文化和旅游领域合作文件，共同推动建立多层次人文合作机制，开辟更多合作渠道。加强国际剧院、博物馆、艺术节、图书馆、美术馆联盟以及旅游领域联盟建设。鼓励国内各地方与沿线地区在文化交流、遗产保护、文艺创作、文化旅游等领域开展区域性合作，积极搭建港澳台与沿线国家和地区文化交流平台。

（二）打造文化交流品牌

提升海上丝绸之路国际艺术节、丝绸之路（敦煌）国际文化博览会和敦煌行·丝绸之路国际旅游节等共建"一带一路"主题节会国际影响力，深化"丝路之旅""欢乐春节""美丽中国"等文化和旅游品牌内涵。推动中外文化经典作品互译，支持共建"一带一路"主题舞台艺术作品创作推广，与沿线国家共同创作共建"一带

一路”题材剧目和优秀作品。加大文化遗产保护力度，促进与沿线国家和地区在考古研究、文物修复、文物展览、人员培训、博物馆交流、世界遗产申报与管理等方面开展国际合作。

（三）推动文化产业走出去

强化与沿线国家在文艺展演、新闻出版、影视交流、文物博览等传统文化领域交流，积极拓展教育、科技、旅游、学术、知识产权保护等文化交流合作新领域。支持文化企业和艺术院团走出去，与沿线国家创作团队、策划团队、营销团队及媒体平台深度合作，为当地民众提供喜闻乐见的文化艺术娱乐产品。鼓励文化企业在沿线国家和地区投资，鼓励社会资本参与共建“一带一路”文化贸易。

二、加强教育合作，提升人才支撑服务能力

（一）完善教育合作机制

加强与联合国教科文组织等国际组织及专业机构的教育交流合作，推动与更多沿线国家签署教育领域合作协议。支持有关部门积极参与中东欧、中国—东盟、上海合作组织、亚太经合组织、欧盟等中外政府间人文交流机制和多边教育部长会议机制，推动和扩大双边、多边和地区间教育交流，推进开展多层次多领域的务实合

作。推动与更多沿线国家实现学历学位互认、标准互通、经验互鉴。支持有条件的高等院校和职业院校与沿线国家高校建立高校联盟、职教联盟。

（二）加强同沿线国家双向交流

扩大相互间留学生规模，继续实施好“丝绸之路”政府奖学金、头雁计划等项目，为相关国家提供来华研修培训机会，帮助沿线国家培养专业人才、建立专家队伍。以国家公派留学为引领，推动实行更加积极、更加开放、更加有效的人才政策，积极选派更多留学生、专家学者到沿线国家学习交流。推动在沿线国家建设孔子学院、鲁班工坊等，为沿线国家就业者提供职业技能培训，推进沿线国家民众了解中华民族传统文化。引导国内高校面向沿线国家搭建研究机构和合作平台。

三、深化援外合作，促进沿线国家改善民生

（一）助力沿线国家可持续发展

以尊重各受援国自主选择发展道路和模式权利为原则，以加强受援国自身发展能力培养为重点，加强与沿线发展中国家的经济技术合作，支持和帮助沿线发展中国家特别是最不发达国家和其他低收入国家减少贫困，营造更多发展机遇和空间。创新对外援助方式

方法，发挥援外资金的撬动和导向作用，丰富融资手段，为“一带一路”重要援外项目提供充裕的资金支持和保障。

（二）统筹推进对外援助合作

继续深入开展以“共筑援助之桥，畅通‘一带一路’行动”为代表的援助计划，全面落实中非八大行动等重大援助举措。加强医疗卫生援外合作，扩大“光明行”“微笑行”“爱心行”（心脏手术义诊）合作国家范围，帮助沿线国家改善医疗卫生条件。发挥我国农业技术先进和多样的优势，针对沿线国家不同农业发展状况和需求，制定不同的农业援助方案。加大南南合作对接力度，支持发展中国家平等参与全球经济治理，帮助发展中国家实现经济、社会、环境协调发展等目标，促进沿线国家实现人与社会、人与自然和谐相处。

四、推动公共外交和民间交流，传播中国声音和故事

（一）支持社会组织开展国际交往

完善丝绸之路沿线民间组织合作网络建设，吸引更多沿线国家社会组织加入，搭建我国与沿线国家社会组织交流的有效平台。深入推进“丝路一家亲”行动，鼓励我国社会组织积极开展国际交往，增进各国民众对“一带一路”建设的认同和支持。引导在沿线

国家开展合作的中资企业委托社会组织承办公益项目，提高资金使用效率和项目专业化水平，切实提升项目所在地民众的参与感、获得感、幸福感。

（二）鼓励中外智库发挥积极作用

发挥“一带一路”国际智库合作委员会及“一带一路”智库合作联盟广泛联系政、产、学、研等社会各界的优势，着力打造具有更大国际影响力的“一带一路”高端智库对话平台。支持国内智库与沿线国家智库深化合作，广泛开展对话研讨、联合研究、成果发布等，为共建“一带一路”高质量发展提供更多公共产品，为各国政府和企业务实合作提供智力支持，为推动构建人类命运共同体贡献智慧和力量。

（三）加强中外媒体对话沟通

深化“一带一路”新闻合作联盟、“一带一路”记者组织合作平台、丝绸之路电视国际合作共同体等建设，积极开展记者组织、新闻出版等领域合作。利用中国—东盟新闻部长会议、中阿媒体对话会、中非媒体领域峰会、“10+3”媒体合作研讨会等平台，广泛开展多双边交流活动。鼓励国内媒体与沿线国家媒体及社交平台加强合作，讲好新时代“丝路故事”，切实提升各国民众对共建“一带一路”的亲切感、融入感和认同感，为“一带一路”建设营造良好舆论环境。

第五节

兼顾各方关切，不断完善利益共享、风险共担的合作机制

“一带一路”建设行稳致远，在于秉持共商共建共享基本原则，弘扬丝绸之路精神，兼顾各方关切，推动参与方各尽其能，优势互补，求同存异，打造利益共同体。在“工笔画”阶段推动“一带一路”沿线各国形成协作有序、优势互补的协调发展新格局。

一、坚持平等协商、责任共担、共同受益，谋求合作最大公约数

（一）秉持共商共建共享的全球治理观

在推进“一带一路”建设过程中始终坚持正确义利观，以义为先、义利并举，以我国发展为契机，让更多国家搭上我国发展快车，帮助参与国家实现发展目标。以共商推动平等参与、充分协商，兼顾合作方利益和关切。以共建推动各施所长，各尽所能，形成合力持之以恒加以推进。以共享让建设成果更多更公平惠及参与国家人民。

（二）兼顾彼此利益关切，实现共赢目标

加强与沿线国家沟通和协调，统筹我国同沿线国家的共同利益和具有差异性的利益关切，寻找更多利益交汇点，调动沿线国家积极性，增进合作共识，夯实合作基础，扩大合作领域，提升合作层次。本着相互尊重、平等相待、求同存异、公开透明、合作共赢的态度，进一步与有能力、有意愿的国家加强第三方市场合作，促进中国企业和各国企业优势互补，实现“1+1+1>3”的共赢。遵循以东道国为主和市场化运作等准则，参照国际最佳实践和经验，提升“一带一路”建设多边合作水平，促进沿线各国政治互信、设

施互联、资金互融、民心互通，携手各方构筑更加开放包容的合作平台。

二、提升投融资合作效率和效益，充分发挥合作各方的比较优势

（一）消除贸易投资壁垒

加快投资便利化进程，优化出入境等各项手续办理流程。加强双边投资保护协定，避免双重征税协定磋商，保护投资者的合法权益。健全监管一体化机制，加强信息互换、监管互认、执法互助的海关合作，以及检验检疫、认证认可、知识产权、标准计量、统计信息等方面的双多边合作。进一步降低关税水平，消除各种非关税壁垒，大幅削减进口环节制度性成本，共同提高技术性贸易措施透明度。不断开大中国市场大门，办好中国国际进口博览会。

（二）健全金融保障体系

构建“一带一路”建设高质量发展的融资政策框架，与有关国家共同落实好《“一带一路”融资指导原则》。继续发挥共建“一带一路”专项贷款、丝路基金、各类专项投资基金的作用，支持各类金融机构参与项目投融资。完善信用保险支持体系，充分发挥政策

性出口信用保险作用，鼓励商业性保险丰富保险产品，满足各类项目和企业需求。有序推动人民币国际化，稳步推进与沿线国家的双边本币合作，鼓励金融机构在对外投融资中更多使用人民币。完善全球金融安全网，加强在金融监管、国际税收、反腐败领域合作，提高抗风险能力。

（三）拓展投融资新渠道

通过多双边合作平台，鼓励多边开发机构与沿线国家开展联合融资。推广股权投资、PPP 项目融资等方式，充分发挥公共资金的带动作用，动员及私人部门资本参与。发挥多边开发融资合作中心作用，支持高质量项目准备和能力建设。支持沿线国家政府和信用等级较高的企业以及金融机构在中国境内发行人民币债券。鼓励符合条件的中国境内金融机构和企业在境外发行人民币债券和外币债券，在沿线国家使用所筹资金。

三、因地制宜化解国际商事争端，积极营造市场化法治化营商环境

（一）构建国际商事争端解决机制

研究借鉴现行国际争端解决机制有益做法，建立完善符合“一带一路”建设沿线国家国情特点并被广泛接受的国际商事争端解决

机制和机构，营造稳定、公平、透明、可预期的法治化营商环境。坚持国际化与开放性、多元化与“一站式”相结合原则，充分考虑参与主体的多样性、纠纷类型的复杂性以及各国立法、司法、法治文化的差异性，支持国际商事纠纷通过调解、仲裁等方式解决，推动建立诉讼与调解、仲裁有效衔接的多元化纠纷解决机制，形成便利、快捷、低成本的“一站式”争端解决中心，公正高效便利解决“一带一路”建设过程中产生的跨境商事纠纷。

（二）深化国际司法交流合作

鼓励支持相关单位联合沿线国家商（协）会、法律服务机构等共同建立非政府组织性质的国际商事争端预防与解决机制。鼓励与其他国家的国际商事法庭、国际组织建立常态交流机制，支持涉外审判法官积极参加国际交流，参与相关领域国际规则制定，提高法官应对处理国际事务和国际交往能力。建立“一带一路”建设参与国法律人才库，鼓励精通国际法、国际商贸规则以及熟练运用外语的国内外法律专家参与到争端解决中来。充分利用智慧法院建设成果，尽快建立“一带一路”建设参与国法律数据库及外国法查明中心，加强对涉及“一带一路”建设案件的信息化管理和大数据分析，为法官提供智能服务，确保法律适用正确、裁判尺度统一。

四、妥善处理债务、贫困治理和生态保护等问题，积极回应各方关切

（一）妥善防范债务风险，积极回应国际舆情

鼓励支持国内金融机构、沿线国家和国际机构使用《“一带一路”债务可持续性分析框架》，提高投融资决策科学性，加强债务管理能力。帮助沿线国家提升项目风险评估和经济抗风险能力，注重总结成功经验和案例，有理有节积极回应国际舆情。将人民币海外投资与推动“一带一路”沿线国家主权债务安全有机结合，围绕增强东道国经济高质量发展和债务可持续性开展国际产能合作。

（二）分享脱贫攻坚经验，参与全球贫困治理

巩固与世界银行等既有国际多边组织渠道进行资金和技术援助的成果，优化金融援助模式，平衡资金援助与投资开发比重，注重“授人以渔”，逐步提升受援国造血能力，增强其私营部门增长能力，规避因援助形成的相关风险。分享“开发式扶贫”等中国实践及贫困监测和评估体系等能力建设经验，为沿线国家制定减贫政策提供借鉴。提升脱贫工作国际交流水平和层次，鼓励其他沿线发展中国家相关组织和人士来华参观学习，支持学术界和民间进行减贫脱贫经验交流，讲好中国对全球减贫贡献新故事。

（三）注重资源环境保护，倡导可持续发展模式

持续探索环境与经济协调发展模式，推动沿线国家跨越传统发展，最大限度减少生态环境影响，实现可持续发展。指导企业加强对外投资合作环境保护，推动企业自觉遵守当地环保法律法规、标准和规范，鼓励企业优先采用低碳、节能、环保、绿色的材料和技术工艺。不断挖掘并宣传推广与沿线国家生态环保合作案例，积极回应“一带一路”倡议生态环境相关问题的国际关切。

第六节

顺应新发展趋势，
建设创新、绿色、健康丝绸之路

顺应世界经济、技术、产业、社会发展普遍规律和“一带一路”建设发展的新趋势，高质量建设创新、绿色、健康丝绸之路，共推发展、共护安全、共享成果，推动“一带一路”建设向更高标准、更深层次、更高水平方向迈进。

一、适应全球产业链和创新链转型发展要求，共建创新丝绸之路

（一）完善多层次创新合作体系

建立健全多双边政府间科技创新合作及对话机制，根据沿线国家在科技发展水平、产业状况、人文环境、法律制度等方面特点，积极对接沿线国家的利益诉求和科技需求，开展差异化国际合作。引导各类创新主体在沿线国家共建创新平台，深化产学研合作。发挥好“一带一路”国际科学组织联盟的平台作用，有效激发科研机构、高等学校等各类创新主体的活力，促进民间科技组织合作交流。引导企业成为科技创新合作的投入、执行和收益主体，形成骨干企业先头带动、中小企业大规模参与的合作局面，并吸引其他社会力量参与。

（二）推动科技创新务实合作

提升科技创新合作的层次和水平，增强科技创新能力建设，发挥科技创新合作对共建“一带一路”的支撑作用。积极共建联合实验室，搭建多层次科研合作平台，拓宽创新之路。推动科技园区合作，催生高端引领、各具特色的产业创新集群，打造对外开放“新名片”。加快推进技术转移，构建“一带一路”技术转移协作网络。

突出科技人才在支撑"一带一路"建设中的关键核心作用，加强人才交流与培养。

（三）推动产业链、创新链融合发展

顺应第四次工业革命发展趋势，与沿线国家共同把握数字化、网络化、智能化发展机遇，共同探索新技术、新业态、新模式。全面适应全球产业链和创新链转型发展要求，围绕产业链部署创新链，围绕创新链布局产业链，提升沿线国家经济韧性，推动形成动能转换有力、分工合理有序、比较优势充分发挥、经济社会带动效应不断增强的"一带一路"产业链，支撑创新丝绸之路可持续发展。

（四）共建数字丝绸之路

积极与沿线国家合作推动数字化转型，促进数字技术与制造业融合，构建更加联通化、网络化、智能化的制造业体系。促进农业生产、运营、管理数字化，农产品配送的网络化转型。利用信息通信技术改善文化教育、健康医疗、环境保护、城市规划和其他公共服务。与沿线国家深化电子商务合作，加强金融支付、仓储物流、技术服务、线下展示等方面的合作。利用互联网促进产品、服务、流程、组织和商业模式的创新。

二、深化生态环保重点领域合作，共建绿色丝绸之路

（一）完善交流合作体系

积极与沿线国家开展生态环保、绿色发展政策对话、交流研讨等活动，推动与更多国家签署建设绿色丝绸之路的合作文件，倡导绿色、低碳、循环、可持续的生产生活方式，增进沿线政府、企业和公众的绿色共识及相互理解与支持。扩大“一带一路”绿色发展国际联盟，推动开展生态环保务实项目合作，树立绿色品牌。通过多边生态环保国际合作机制，积极参与全球环境治理，推动构建更为公平公正的全球环境治理规则。

（二）开展生态环保务实合作

以应对气候变化、生物多样性保护、海洋治理等全球环境问题为切入点，开展政策法规标准、技术交流与转移等领域合作。开展绿色示范项目，主动分享我国环境治理经验和技术，帮助沿线国家落实可持续发展议程。继续开展绿色丝路使者计划，助力沿线国家提升环境治理能力。进一步完善生态环保大数据服务平台建设，利用好“一带一路”环境技术交流与转移中心，推动绿色技术研发推广应用，拓宽节能环保、清洁能源等领域技术装备和服务合作。

三、加强全球公共卫生治理合作，共建健康丝绸之路

（一）提升医疗卫生合作水平

加强与沿线国家和有关国际组织信息沟通、政策协调和行动配合，深化传染病疫情通报、疾病防控、医疗救援、传统医药等领域互利合作。建立完善与周边及沿线国家的常见和突发急性传染病信息沟通机制，强化与周边国家的传染病跨境联防联控机制，提高传染病防控快速响应能力。积极推动中医药走出去，推动传统医药相关标准联合开发和制定。

（二）促进健康产业发展

鼓励兼具生态自然资源禀赋和医疗技术服务能力与特色的地区，积极发展健康服务贸易、健康医疗旅游和养生保健。推动医疗服务与周边国家医疗保险有效衔接，与周边国家共同建立跨境远程医疗服务网络，支持云南、新疆、内蒙古等地区与沿线国家开展跨境医疗服务合作，实现优质医疗资源共享。鼓励我国药品和医疗器械产品走出去，加大产品宣传推介力度，支持有实力的医药企业赴沿线国家开展投资合作。

（三）积极参与全球公共卫生治理

继续发挥负责任大国作用，积极参与全球公共卫生治理体系改革和建设，推动提升卫生安全议题在国际合作议程中的地位，积极打造人类卫生健康共同体。支持世界卫生组织发挥领导作用，帮助公共卫生体系薄弱的发展中国家提高突发公共卫生事件应急响应速度和应对能力。本着公开、透明、负责任态度，推动公共卫生相关经验和技术在沿线国家共享，提升科研攻关等方面的合作。

参考文献

The World Bank Group，2019. Belt and Road Economics：Opportunities and Risks of Transport Corridors[R/OL].（2019-06-16）[2019-06-28]. http：//documents1. worldbank.org/curated/en/715511560787699851/pdf/Main-Report.pdf.

The World Bank Group，2020.[DB/OL].[2020-06-23]. https：//data. worldbank.org/indicator/NY.GDP.MKTP.CD?locations=CN.

国务院新闻办公室，2020. 新闻办就 2019 年商务工作及运行情况举行发布会 [EB/OL].（2020-01-21）[2020-6-23].http://www.gov.cn/xinwen/2020-01/21/content_5471242.htm.

外交部，2018. 2018 年 7 月 16 日外交部发言人华春莹主持例行记者会 [EB/OL].（2018-7-16）[2020-06-23]. https：//www.mfa.gov.cn/web/fyrbt_673021/jzhsl_673025/t1577518.shtml.

The World Bank Group，2019. Global Value Chain Development Report 2019：Technological Innovation， Supply Chain Trade and Workers in a Globalized World [R/OL].（2019-04-15）[2020-06-23].https：//www. worldbank.org/en/topic/trade/publication/global-value-chain-development-report-2019.

Ministry of Planning and Investment of the Socialist Republic of Vietnam，2020. Brief on foreign direct investment of 2019[EB/OL].（2020-01-23）[2020-6-23].http：//www. mpi.gov.vn/en/Pages/tinbai.aspx?idTin=45020&idcm=122.

国务院发展研究中心，2018. 未来国际经济格局变化和中国战略选择 [R/OL].（2018-12-20）[2020-6-23]. http：//theory.people.com.cn/

n1/2018/1220/c40531-30477586.html.

Bloomberg. Japan to Fund Firms to Shift Production Out of China[EB/OL].（2020-04-08）[2020-06-23]. https：//www.bloomberg.com/news/articles/2020-04-08/japanto-fund-firms-to-shift-production-out-of-china.

Fox Business，2020. US will pay for companies to bring supply chains home from China：Kudlow [EB/OL].（2020-05-26）[2020-06-23]. https：//www.foxbusiness.com/markets/us-pay-bring-china-supply-chains-home-kudlow.

工业和信息化部，2019. 我国是全世界唯一拥有全部工业门类的国家 [EB/OL].（2019-09-20）[2020-06-23].http：//www.xinhuanet.com/politics/2019-09/20/c_1125020250.htm.

BBC，2020. US targets Huawei with tighter chip export rules [EB/OL].（2020-05-15）[2020-06-23]. https：//www.bbc.com/news/business-52681414.

世界知识产权组织，2019. 2019 年全球创新指数：打造健康生活——医学创新的未来 [R/OL]. [2020-06-23].https：//www.wipo.int/edocs/pubdocs/zh/wipo_pub_gii_2019.pdf.

国务院新闻办公室，2020. 国务院新闻办发布会介绍“加快建设创新型国家 支撑引领高质量发展” 有关情况 [EB/OL].（2020-05-19）[2020-06-30].http：//www.gov.cn/xinwen/2020-05/19/content_5512981.htm.

中国科学技术发展战略研究院，2020. 产业创新动态（第 417 期）[R/OL].（2020.05.25）. [2020.06.28]. http：//www.casted.org.cn/channel/newsinfo/7739.

中国科学技术发展战略研究院，2020. 产业创新动态（第 407 期）[R/OL].（2020.01.02）. [2020.06.28]. http：//www.casted.org.cn/channel/newsinfo/7626.

新华社，2020. 年底全国5G 基站将超60 万个 [EB/OL].http：//www.xinhuanet. com/info/2020-04/01/c_138936631.htm.

Deal Street Asia，2020. China's Ant Financial Spins off Alipay's ComputingInfrastructure OceanBase [EB/OL].（2020-06-11）[2020-06-28]. https：//www.dealstreetasia.com/stories/ant-financial-alipay-oceanbase-192419/.

McKinsey Global Institute，2020.Globalization in transition： The future of trade and value chains[R/OL].https：//www.mckinsey.com/featured-insights/innovation-and-growth/globalization-in-transition-the-future-of-trade-and-value-chains#.

后 记

《推动共建“一带一路”高质量发展》已编撰完成付梓出版。本书在国家发展改革委党组书记、主任、推进“一带一路”建设工作领导小组办公室主任何立峰同志的直接领导下，在国家发展改革委副主任、推进“一带一路”建设工作领导小组办公室副主任宁吉喆同志的悉心指导下，由国家发展改革委区域开放司牵头编写，宏观经济研究院、国家信息中心、国际合作中心、一带一路建设促进中心、中国国际经济交流中心共同参与。

国家发展改革委区域开放司司长肖渭明和丁杰、张明、郭旭杰、唐明龙同志为本书编撰作出了具体指导。高国力、陈强、黄勇、翟东升、陈文玲等同志为本书提供了宝贵意见。参与本书具体编撰工作的主要人员有：陈怀海、陈彦斌、刘翔宇、费明硕、晏世琦、孟阳、刘可佳、黎琴芳、张佳倩、高东旭、陈灵丰、刘惠民、李泽、李俐娇、张鹏、王华磊、李飞、赵若谷、郭灿垚、朱沛琦、王超、史澜辉、刘建兴、卢伟、姚宇、史巍娜、梅冠群、公丕萍、李沛霖等同志。感谢袁达、韩振海、赵怀勇、林楠、孙亮、张哲、张洽棠、叶辅靖、姚淑梅、曲凤杰等同志认真审稿。感谢中国计划出版社编辑张廉奉、孙晓岩辛苦付出。

本书编撰时间较紧，不足之处，敬请批评指正。

本书编写组

2020 年 8 月

学习贯彻习近平新时代中国特色社会主义经济思想

做好“十四五”规划编制和发展改革工作

| 系列丛书 |